U0006736

Money Honey

讓可愛的錢

A Simple 7-Step Guide For Getting Your
Financial $hit Together

自動滾進來

瑞秋‧李察斯
Rachel Richards———著

2
7
歲
財
務
自
由
的
理
財
7
步
驟

免費下載資產狀況表！

　　為感謝你購買拙著，我要免費送你百分之百由我編訂的客製化預算、儲蓄和淨值計算表！

馬上前往下載：

https://www.moneyhoneyrachel.com/free

上社群媒體追蹤我！

Facebook: www.facebook.com/moneyhoneyrachel

Instagram: @moneyhoneyrachel

【推薦序】

開始打造屬於您和下一代的財富容器吧！

《一個投機者的告白實戰書》、

《高手的養成》暢銷財經作家／安納金

　　無論是美國或台灣，教育體制當中關於理財方面的教育付之闕如，古今中外都一樣，然而多數人一畢業踏進職場，便開始面臨理財的問題──誰來教？多數人是根據父母從小灌輸的理財觀念，一一照著做，然而多數人的父母那個年代當下的經濟環境和市場結構與現在大不相同，我們不太可能使用 30 年前的舊版遊戲攻略去破目前最新版的遊戲關卡，投資理財更不可能。

　　我認為更值得商榷的問題是，父母輩本身可能沒有對

投資理財擁有正確的觀念，導致相對形塑出了小的「財富容器」，而且還會世襲。將小的財富容器如此代代相傳，這是社會上貧困階層無法翻身的主要原因之一。至於該如何打造出較大的財富容器，一方面是透過廣泛的學習，來拓展自己的眼界與格局；另一方面則是對於金錢有正確的認知，並對財務有妥善的管理和運用習慣。

本書作者以相當淺顯易懂、幽默風趣而不失實用性的方式，幫助對於理財毫無概念的新手，擘劃出一套完整的入門導引。

我相當認同作者所說「四個儲蓄桶」（短期急用金、中期儲蓄、長期儲蓄、退休準備金）的概念，在我剛從學校畢業、進入職場的第一年，我大致也是採取類似的方法來進行投資理財，相較於一般人可能僅分成兩個儲蓄桶（短期急用金、其他用來投資理財且不分短期）的方式，我的優勢在於第三桶、第四桶，是我僅僅工作十多年就累積到財富自由水準的關鍵所在。

　　作者在書中引用電影《侏羅紀公園》的一段劇情：劇中的一夥人把葉子全部撥開，而暴龍就站在那裡看著他們，男主角說：「千、萬、別、動。」然後每個人馬上就跑掉了。這是我看到對於股票投資者遇到大跌就驚慌失措、落荒而逃的景象，描述得最傳神的一段經典！對於第三和第四儲蓄桶，要長期定期定額投入股市，千萬不要當跑掉的白癡。我個人到目前為止真的有超過 20 年的投資部位仍在帳上，不斷複利，從未離場。

　　此外，在我踏入職場的早期就遇到臺灣的勞退新制上路，除了雇主每個月提撥薪水的 6％之外，我自己也選擇自主提撥薪水的 6％作為長期退休儲蓄（免稅！），以及購買兩張繳費 20 年保障終身的投資型保單，每個月自動扣款從未停扣，都即將屆滿 20 年了。

　　因此，個人的實際經驗證實，本書作者所談的方式是相當正確且具可執行性的。

　　本書對於許多投資理財概念的敘事刻畫入微、活潑有

趣，文句相當生動流暢且直接，雖然我已不是理財小白，但也驚豔於構思層次井然有序，幾乎看完所有的章節。我相信拿起這本書的您，也會捨不得放下，那就買回家吧！為了自己或下一代的財富容器，開始打造屬於你（妳）們的四個儲蓄桶。

　　願善良、紀律、智慧與你我同在！

目 次・CONTENTS

目次・CONTENTS

第 **1** 篇

前言

01. 你好，是我

　　長話短說：當大人好難，尤其是在理財上。我將帶著一點自作聰明，以及些許無禮的話語，帶大家來一趟輕鬆好玩的財務自由之旅。在看過本書並學到 7 個簡單步驟後，你將得到易於實行的策略來幫助你立即掌控財務。

　　你懂那種不知道自己在搞什麼鬼的感覺嗎？不管是節食、薪資談判或是網路約會，當大人都難爆了。對很多人來說，理財無疑是史上最驚悚話題的榜首。

　　個人理財不但複雜，甚至乏味。沒人有時間再看一本枯燥、廢話連篇的理財書。這就是為什麼我要寫這本書——為理財教育界提供一個簡單幽默的選擇。在此我要把各位的絕望感轉化為熱忱與信心，使各位能搞定理財這件事，而且做起來會很開心。不騙你。

　　前幾天我看到一個讓我笑翻的迷因，上面寫道：「真高興我學過的是平行四邊形，而不是稅要怎麼報。它在這個平行四邊形季❶大大派上用場。」這話再真切不過。不幸的是，教育體系並沒有教我們一些現實生活中最實用的主題，個人理財就是其中之一。

　　對於要怎麼理財，年輕的專業人士毫無頭緒並不算罕見。事實上，我所認識的大部分人都不太精通預算和儲蓄的基本原理，更不用說是股市了。在正式教育付之闕如下，你怎麼學得到？也許你的父母教過你少數的要訣和招數，但在適當理財上，並非所有的小孩都能依靠父母來教導。

　　理財，不僅是教育體系缺乏的學習內容，還是在你開始賺錢後才會想到的事。一旦進入現實世界，理財就可能讓人手足無措。突然之間，你一次就要應付 500 個未知的問題：我要去哪找工作？健保是怎麼運作的？我要去哪裡訂做西裝？更不用提理財上的未知了：我該提撥多少到退休帳

❶　譯注：報稅季的別稱。

戶裡？我該存多少錢？我是該把學貸還清，還是把錢挪去
買車？很多人被理財搞得心煩意亂，索性直接關機並徹底
忽略。

　　千禧世代不是唯一回答不了問題的人——在所有人口
中，仍有相當高比例的人無法辦到。這些人包含了中學青少
年，甚至還有那些我所認識的最聰明、最成功的人士。我幫
助過賣力的全職媽媽、出色的律師、掙扎的研究生、年輕的
專業人士和熱情的企業家。包含各位在內，你們每個人有什
麼共通之處？你一心想要學習，你不甘於老是懵懂無知，你
因為不了解理財和沒有策略而感到困擾。所以，何不開始學
習呢？

　　問題在於，你不知道要從哪裡開始（或者可能是對自
己一無所知，覺得提問是件很蠢又尷尬的事）。你對退休帳
戶、學貸整併、抵押貸款、信用卡和繳稅有疑問。理財讓人
手足無措。你或許向家人和朋友徵詢過建言，或是試著自己
去研究，但到頭來，這些資源要不是沒用處就是很乏味。

　　就算加上你認識的人和好朋友 Google，易於了解又吸

引人的學習資源都不算充沛。我的意思是，這個世界有成千上萬的個人理財部落格、書籍、文章和播客，所以……問題在哪？這麼說吧，理財很難變得簡單，以及最重要的——變得好玩。如我的一位朋友所說：「我男朋友試著解釋這些事給我聽，但我的眼神幾乎立刻就放空了。前幾天他試著教我共同基金時，我竟然打起瞌睡。」這類掙扎很真切，而這就是為什麼我要寫這本書。

這麼說來，我又懂什麼？

我的背景就在於理財。我從小學六年級時開始熱衷理財，那時爸媽幫我報名了夏令營，所以我必須整天都待在水上遊樂園。11 歲的我嚇呆了，水上樂園，多恐怖啊！為了度過在游泳池畔漫長而乏味的時光，我挑了本書，叫作《萬里富青少年投資指南》（*The Motley Fool Investment Guide for Teens: 8 Steps to Having More Than Your Parents Ever Dreamed Of*）。當英明的爸媽開始教我們姊妹預算時，我剛好遇到這塊寶。我家最愛的縮寫字之一就是 NITB，意指不在預算裡（Not In The Budget）。（對吧，老爸？！）如果手上的錢比爸媽想要的還多，這是多誘人的想法啊。

　　光是《萬里富青少年投資指南》前面幾章裡講解的複利，就讓我大開眼界。憑藉著年齡優勢，我知道我有更多時間能把所學付諸實行，並領先同儕好幾光年。那本書完全是個天啟。就算你不是青少年，我也推薦你去讀一讀。

　　在水上樂園研讀《萬里富青少年投資指南》讓我如獲至寶，而這本書所點燃的狂熱長達十幾年。我讀了每本所能拿到手的個人理財書，學到儲蓄和預算的基本原理，然後進階到投資股市等等比較複雜的部分。我也學到要怎麼創造被動收入，如何投資房地產，以及創業的方法。高中畢業時，我已對金錢培養出成熟而通達的觀點。

　　後來，我被取得大學學位的成本嚇壞了。由於我在人生的前 18 年學過理財，所以一想到為了學歷而背債就令我恐慌。儘管我同輩的高中畢業生有 99％的人願意為大學的第一年背負數萬美元，我卻堅決不跟進。我比我的朋友們還要了解，債務可能對我的人生造成的負面衝擊。我下定決心，畢業時不能有一毛錢的學債。

　　在就讀中央學院（Centre College）前的夏天，我剛好

中了樂透彩，這是一張以工作機會為形式的彩券──一個來自於直銷公司家可刀具（Cutco Cutlery）的工作機會。我媽開心到不行！（才怪。）雖然這個獎項聽起來滿可疑的，但我超級興奮，因為我從來沒做過愈賣力就能賺愈多錢的工作。我在那年夏天總共賣出了 30,000 美元的刀具，創下肯塔基州路易斯維爾（Louisville）的紀錄，賺進的現金高達五位數❷。加上學業和鋼琴方面豐富的獎學金，我便能自掏腰包付大學第一年的學費。時至今日，這仍是我最自豪的成就。

就讀中央學院時，我盡可能多修經濟與財務的課，而且全都拿到特優。我也繼續推銷家可刀具來付學費。三年後，我取得財務經濟學學士的學位，而且你猜對了，學債是零。另外，我從路易斯維爾的多家財務機構得到四份工作機會。我以大公司的認證理財顧問身分，展開了畢業後的人生。我幫助過成千上萬人打理財務，並教他們要把錢擺在哪裡才會獲得最高的投資報酬。我讓每一位客戶都漸入佳境。

❷ 編注：本書皆指美元。

　　在那之後，我擔任過房地產投資機構的財務經理，以及大型製造公司的財務分析師。我目前是幹勁十足的投資人和事業主。任何人只要想徵詢我的意見，無論他們的工作是什麼，我都會熱情地提供理財建議。我是徹頭徹尾的個人理財怪咖，所以能夠傳授好幾甲子的智慧（開玩笑的啦，只有 25 年）簡直讓我開心到不行。幫助他人理財的熱情，一直都是我人生中的動力。

　　快轉到現在。在一天之內，我通常會收到好幾則來自朋友和家人尋求理財建議的諮詢。像是我的妹妹在預算上依賴我幫忙，還有爸媽的退休規劃、姊姊的個人退休帳戶（IRA）和 401(K) 退休儲蓄計畫，以及朋友從信用卡、學貸到投資股市的任何事。

　　我的同儕不斷尋求理財建議，這個頻頻浮現的主題讓我了解到美國的一個問題：大部分的人沒有處理金錢的策略。而且他們不但沒有策略，一開始也對理財懂得不多。

　　各位很幸運，因為本書就要來為各位解答棘手的金錢問題。《讓可愛的錢自動滾進來》是一本愛之深責之切的指

南，關於個人理財的事全都會談到。這件事太過重要，而不容碎念和發牢騷。不管你是企圖認識股市卻乏味得想睡，還是搞不懂現行的稅務是如何運作，本書就是為你而寫。

很多人可能不會認同。也許你自認不需要這本書，也許你正在就學、近來畢業了，或是剛展開職涯。你有一大堆時間，幹嘛要現在就費心？何不享受一下人生？

因為壞習慣就是由此養成的。無知是福氣，但無益於理財。假如你不明白信用卡債對生計能造成多少傷害，那又有什麼會阻止你去盡量提高信用額度呢？假如你現在不了解儲蓄的重要性，那五年後的你若是沒有儲蓄，而且財務大為窘迫時，又要何去何從？

沒有什麼——我再說一遍，沒有什麼——比學習理財的基本原理更重要。你現在就要開始，因為你真的沒本錢拖下去。不要像成千上萬的人那樣，但願自己十年前就懂得這一切，或對自己是如何用錢而懊悔不已。現在就開始學習，讓自己往後可以享受人生。我向你保證，本書就是為你而寫。

本書是為那些不想再覺得身無分文，並想要學習如何攢

下儲蓄的大學生而寫；本書是為有一些現金存款，很想知道
這筆錢存放的位置，以及如何設定投資策略的年輕專業人士
而寫；本書是為想要在還債之際改善信用的新婚夫妻而寫；
本書是為想要替子女的大學教育而儲蓄的年輕父母所寫；本
書是為了任何想要在理財上提升自己的讀者而寫。

我在《讓可愛的錢自動滾進來》中做了令人意想不到的
事：讓理財輕鬆又好玩。在以下的篇幅，我會告訴你需要知
道的所有基本理財主題，這些主題可以五花八門，因為我省
掉所有廢話並直指重點。不用客氣。

我會從基礎開始：

- 如何訂預算，以便得知自己現今所處的境地。
- 如何使收入翻倍、支出減半。
- 將儲蓄放在哪裡才會得到最高的報酬率。

然後我們會轉向那個叫做債務的壞小子：

- 如何靠整併來降低學貸利率。
- 信用卡為什麼亦敵亦友。

- 抵押貸款是怎麼運作的。
- 如何拿到穩固的信用評分。

第三部分是我的最愛：投資。對大部分新手來說，投資很可怕，因為感覺很陌生。我會為你詳細解釋一切：

- 股票、債券、共同基金和指數型基金的不同，以及對於跟我同輩的千禧世代來說，哪個才是真正的 MVP。
- 如何訂出適合自己的投資策略。
- 如何實際開立帳戶並從事交易。
- 退休帳戶是怎麼運作的，以及何時該開始為退休儲蓄（提示：現在）。

最後，我會談談稅務和保險。你會學到：

- 不該對退稅感到慶幸的原因。
- 長期失能險跟壽險一樣重要的原因。

本書很棒的地方在於，你可以跳到有意多加學習的篇章。假如你對於要投資哪幾種股票有疑問，就直接翻到第

12 章。假如你想要多加學習為子女教育經費儲蓄的工具，就直奔第 6 章。本書是為各種理財程度的讀者而寫，如果你程度甚高，我就不期待你看第 1 章的預算。同樣地，要是你無債一身輕，就不要對第 4 章的債務費心了。我看起來像是那種想要讓你浪費時間的人嗎？親愛的，並不是。

在本書的結尾，我還會列出由 7 個簡單步驟所組成，簡易明瞭的策略。這 7 個步驟會帶著你從急用、短期儲蓄到退休和儲蓄帳戶要怎麼設定，全部走一遍。你也會學到馬上就能實行的無痛還債策略。你將會知道所有的理財目標要花上幾個月來達成，最終就能搞定理財這件事。你會開始對金錢有更好的觀感，而且後續在管理財務時會加倍好玩。對月光族說聲再見，因為那將正式成為往事；對翻轉人生和不再為金錢煩惱的生活打聲招呼。

有許多對理財感到掙扎的千禧世代，已經依照這本有益指南的要訣和招數付諸實行，並且體驗到莫大的解脫感。大部分讀者都會在讀這本書的時候發出驚呼，你也會！讀完本書後，你對自身狀況的理解力會好得多，並且會對前進的方向有種體悟感。

　　不要因為帳戶透支而錯過與朋友相聚的歡樂時光。不要背負 15,000 美元的信用卡債。不要因為沒有儲蓄，到了 70 歲還無法退休。

　　反之，要讓別人看到你就想說：「哇，他／她一定是賺了一大堆錢。」這並不是因為你必然如此，而是因為你對理財駕輕就熟，並知道自己是在搞什麼鬼。你要成為一個 25 歲就還清學貸，會立刻採取行動的那種人。

　　你即將讀到的理財妙方，已經被證明會開創出百分之百財務自由的道路。為了開始掌控財務，你必須做的就是繼續往下讀。每個章節都會帶給你能立即實行的新觀點，讓你能甩掉債務、增加儲蓄，並使金錢問題歸零。現在就掌控自身的狀況，致力於一天讀一章，讓自己能享有向來所渴望的富足生活。

　　你準備好思考和行事都像個有錢人了嗎？去拿些爆米花和你的懶人毯，繼續往下讀。祝你玩得開心！

第 **2** 篇

儲蓄

02. 如何制定超強預算

長話短說：儲蓄比例沒有硬性的規定，因為各種情形都不同。你必須把大部分的收入存下來，10％這個數字無濟於事，儲蓄要靠增加收入或減少支出來增強火力。

在蓋洛普（Gallup）2013 年的經濟和個人理財調查中，數據顯示三分之二的美國成年人沒有編列自身財務預算。[1]天啊！怎麼會有人不去追蹤自己的支出？法律應該要規定每家每戶都要編列預算——我可是認真的。我認識的理財成功人士全都有編預算，我們也要像他們一樣。假如你不知道每月支出後還剩多少餘額，怎麼有辦法達成任何理財目標？

「等等，瑞秋！我在支出後就沒有任何餘額了，我是月光族！」各位，先冷靜下來！不少人都身在同樣的處境。雖然對於那些有多餘的錢來儲蓄和投資的人而言，本書所能增

進的價值最大，但我一定會幫助你掌控住開銷。

　　編預算雖然是讓人感到驚悚的作業，但或許比你想的還要容易。編預算只要瀏覽現在的收入和支出，確認你認為支出該有的目標。易如反掌。

　　現在來場快速的腦力激盪大會。去拿罐啤酒還有紙筆，除非你未滿 18 歲，這樣的話就把啤酒換成果汁或汽水，同樣好喝。

　　拜託，去拿一些紙來。在紙的頂端寫下你的稅後月收入，這會很好玩，所以在它旁邊畫上笑臉。在底下把每月支出全部列出來：包含支出類別和每個月的金額。別忘了納入房租或抵押貸款、水電瓦斯、帳單、保險、交通費、伙食、娛樂、訂閱、個人照護、購物、繳稅、贈禮和捐款、信用卡最低應繳款、學貸最低應繳款，並且加上一筆小額的支出（以免你忘了列出什麼）。假如不知道確切的金額，不妨就估計一下，直到能找出比較準確的數字為止。

　　接著把支出全部加總起來，再用月收入總額減掉月支出總額，算出每月剩下多少，把那個數字圈起來。這個數字很

重要，我們姑且稱之為「黃金數字」，代表支出後所剩下的錢。（附注：由於我是友善又好心的作者，所以我編製了預算表來替你把這一切都做好，而且免費！由此下載：https://www.moneyhoneyrachel.com/free）

```
收入：        $2,740 ☺

支出：
房租          $790
水電瓦斯       $120
帳單          $65
保險          $59
車／油        $160
…            …
…            …
…            …
            $2,540
黃金數字：    ($200)
```

你剛剛完成的演練暫且夠了，但到了下個月，你要更進一步去追蹤這些支出。例如，你寫下的每月伙食費是多少？大部分的人都低估了這個類別。要確知的唯一辦法，就是追蹤它一個月。我知道這很折磨人，但你很幸運，有個手機應用程式能幫你：Mint。下載它，使用它，崇拜它。等你更了解自己的花費習慣，就要更新預算。以下的例子是我過去一個月的花費在 Mint 上的情形，當時我為了省錢而向朋友分租房間。

記得要記錄得鉅細靡遺。以贈禮和捐款為例，你有沒有

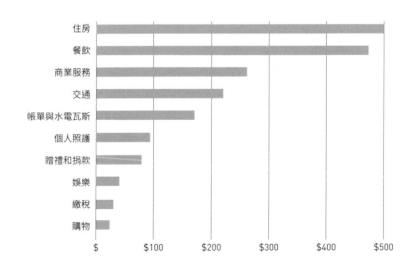

想過，為了每一位朋友和家庭成員的生日贈禮、婚前派對和結婚贈禮、畢業贈禮以及週年紀念贈禮，你花了多少錢？重大節慶就更不用說了：耶誕節、春節和其他任何要慶祝的節日。這些支出全部都要納進贈禮和捐款的類別裡。

以「訂閱」的類別來說，這項應該要納進：雜誌和報紙、網飛（Netflix）、葫蘆（Hulu）、亞馬遜尊榮會員（Amazon Prime）、好市多（Costco）、蘋果音樂（Apple Music），以及其他任何要繳經常性費用來使用的東西。相信我所說的，你在各類別的花費比你想的還要多。

接著是日常瑣事的款項。假如你平日每天都外出用餐，並花掉 10 美元，那你每個月會看到 200 美元的數字。假如每個月都去美容院或吃大餐，那又是每個月 75 美元。這些數字累積得很快！

如同我先前所說，你可以先把預估的金額寫下來，但這並不是可以快速完成的演練。無論是用紙筆或是 Mint 之類的應用程式，這要花一個月來真正追蹤，才能了解你花了多少，進而幫助你實行預算。

　　回到黃金數字（等於月收入減去月支出）上。你或許會問：「我該瞄準的確切黃金數字是多少？」關於這點，你會看到其他理財大師提倡「拿到薪水就存 10％！」、「存 15％！」、「每個月至少存 500 美元！」。我想告訴你，當你聽到這類守則時，應該故意翻個白眼並露出戲謔的笑容，因為在理財上從來沒有一體適用的事。

　　對於每年賺 50 萬美元、不打算生小孩也沒負債的單身女性來說，存下 10％，也就是每年 5 萬美元，或許就足以應付她的目標。對每年進帳 6 萬美元的四口之家來說，同樣的 10％換算起來則是每年 6,000 美元，而這 6,000 美元並不會讓他們發達。30 年後，他們會有近 20 萬美元，但這只能讓他們在退休後用 3 年。

　　唉！我們總得開始做些什麼。我會建議你先確保黃金數字為正數，並聚焦於讓黃金數字變大。你的儲蓄目標應該是要盡可能人性化地多儲蓄，千萬不要對存下 15％或 20％或 40％感到滿意。無論是賺 3 萬還是 6 萬美元，我一直都想盡辦法存下收入的 50％。在此要給你一個目標：在接下來的 6 個月內把目前的黃金數字翻倍。把這個目標搞定！

幫幫我，我很窮

對於那些需要在黃金數字上加把勁的人（也就是全部的人）來說，你必須盡快做到這兩件事的其中一件：增加收入或減少支出。說的比做的容易，對吧？

我討厭帶給大家壞消息，但假如你這樣就熬不太下去，本書並不能讓你發達。一個月 50 美元不足以實現儲蓄、投資和退休的目標。再加個 0，或許就會有搞頭了。

你將會享受金銀財寶。想想這點：收入的潛能無限。你能賺多少錢，是沒有上限的，因為你有無限的機會可以增加收入。不過，你能減少的支出則有限。例如抵押貸款或房租，這些肯定沒得商量。

由於這些限制，假如你著重於增加收入，而不是聚焦於減少支出，影響力就能比較大。或者你可以當真正的贏家，雙管齊下。

增加收入

　　以下是一些易於增加收入的方式。其中有些點子可能會對你管用,有些對你來說則無法做到,所以要加以取捨:

- 要求加薪或升職(假如你前幾年都沒得到加薪,那就馬上這麼做)。
- 多工作:拉長時數或找第二份工作。
- 找薪水更好的工作。
- 成為直銷顧問或在多層次行銷公司工作。
- 開創副業:創作和銷售產品(你有在 Etsy [1] 賣過東西嗎?)。
- 當家教。
- 當音樂家教(如果你會彈奏樂器,這是個好主意)。
- 推銷家可刀具(我所偏好的方法)。

---

[1]　譯注:Etsy 是網路商店平台,以手工藝品買賣為主。

- 幫人修剪樹木或草坪。
- 看顧寵物、幼兒。
- 幫人遛狗。
- 出售物品：Poshmark ❷、臉書社團等等。
- 成為優步（Uber）或來福車（Lyft）司機。
- 在 Airbnb 上出租空房。
- 填寫有報酬的線上調查問卷。

我就在此停手，因為我想你有概念了。有一大堆方式可以賺取更多收入，知道 Google 嗎？很好，快用。

我在本書會多次推薦使用 Google，可惜 Google 壓根兒不會為此付錢給我。

 ## 減少支出

以下是把支出當作燙手山芋給甩掉的一些方式：

- 少花錢（我所偏好的方法）。

- 在買任何東西前，先找找折價券和優惠碼。不
  管是雜貨、衣服、洗髮乳、背包，什麼都好。
  一句話：不要付全額。
- 少外食，多做飯。
- 跟父母住。
- 找室友。
- 把狗送走，寵物是巨大的開銷（我開玩笑的，
  人才是）。
- 搭乘共乘車輛或大眾交通工具。
- 把美髮、美甲和去美容院之間的時間拉長，更
  好的就是徹底停掉。
- 不使用電器裝置時就拔插頭。
- 取消俱樂部的會員資格和訂閱。
- 自己煮咖啡（慘！）。

又來了，你能有無窮的點子，麻煩自己上 Google 搜尋。

現在，你知道自己花了多少錢，並腦力激盪出增加收

---

❷ 譯注：Poshmark 是購買或銷售二手產品的網路商店平台。

入和減少支出的方式。接下來：編預算。如我所說，預算包含瀏覽現在的收入和支出，以及你認為支出該有的目標。在追蹤一個月的支出之後，你就會有開始調整的起點。你花費最多的類別是什麼？你最近亂花了什麼錢？你太常對什麼沉迷？最容易削減的是什麼？就算只能省幾美元，也要挑戰自己，想辦法在各個類別中都省下錢。

試想金錢是如何不費吹灰之力，就從你的指間溜到小東西上。喝咖啡的概念受到濫用，但值得一提：一天花 5 美元在名牌咖啡上，每年合計就是近 2,000 美元。想要加薪 2,000 美元嗎？恭喜，我剛才告訴你方法了。你從來都沒去過的健身房每個月都要 30 美元的會費？取消吧，為自己省下那年的 360 美元。下班後外出吃吃喝喝，30 美元聽起來或許不多，但一週兩次這麼做時，每年就要花掉 3,000 多美元。有概念了嗎？

你也可以反過來做。你想要的月支出是多少？決定好數字後，把各類別減少到達成這個數字為止。想法要實際，但能砍就砍。你事後隨時都能把項目加回去。

　　訂預算很容易，貫徹到底就不盡然了。為了自己和未來，你需要對此下工夫。這道演練不應被小覷，在花時間訂新預算前，務必追蹤一個月的支出，然後把新計畫貫徹到底！

　　科技妙方是你的摯友。我已經提過 Mint 這個超讚應用程式，現在容我介紹 Honey、Acorn 和 Qapital。Honey 是免費的服務，可以讓你在網站上省時又省錢；它是瀏覽器的擴充功能，會搜尋和探查折價券，並在結帳時使用。#天才。上 JoinHoney.com 去下載你的摯友吧。Acorn 是很酷的服務，每個月 1 美元，它會拿你剩餘的零錢去投資。在綁定信用卡和簽帳卡後，當你買了 5.39 美元的星巴克（Starbucks）拿鐵，Acorn 就會把這筆消費湊成整數到 6 美元，並幫你投資那多出的 61 美分。Acorn 很容易就能幫你「神奇地」省下幾百元。Qapital 是巧妙的免費服務，會根據你所設定的目標和規則來自動幫你儲蓄。

「呃，這聽起來太難了，難道沒有別的辦法嗎？」沒有。你不能這麼說話，我現在要對你嚴厲一點。戒掉每天的星巴克星冰樂並不難。搬回去跟父母住並不難。找第二份工作並不難。想知道什麼才是難到爆嗎？癌症很難過。軍人上前線很難過。失去摯愛很艱難。懂了嗎？不要再說理財「太難了」，這是一件實用的事，所有成功的大人都會做。要聰明點。

沒有人說過這會輕而易舉，假如你所賺的不太夠應付開銷，就必須改變情況。適應新事物總是會有挑戰，你需要拿出大人的樣子來應對。為什麼？因為煩心自己要怎麼撐到下個發薪日，日子就會過不下去。你、必、須、變、更、好。

如我之前所說，要變得更好的方式只有兩種：多賺錢或少花錢。想要出人頭地嗎？很好，就去實現它。我保證一旦去做，你就會覺得很棒。假如你曾對自己感到沮喪，記住：你聞起來似松針，容貌似陽光❸。

所以，又來了：提高收入並壓低支出。需要比較具體的行動計畫嗎？好消息：市面上有汗牛充棟的書都在寫這個小

小的主題。我推薦你幾本作為起點：

(1)大衛‧藍西（Dave Ramsey）的《金錢裝扮》
　　（*Total Money Makeover*），談如何擺脫債務。

(2)拉米特‧塞提（Ramit Sethi）的《教你變成有
　　錢人》（*I Will Teach You to Be Rich*），談簡單
　　的省錢招數。

(3)羅伯特‧清崎（Robert Kiyosaki）的《富爸爸，
　　窮爸爸》（*Rich Dad, Poor Dad*），談建立財富
　　的工具。

　　對大部分的人來說，掌控財務就是擺脫債務，或是讓生活更簡單。各種狀況都是獨一無二的，所以沒有一套適用所有人的解決之道。要等到有辦法增加收入或降低支出，你才能使用本書所羅列的許多策略。現在就起步，列出 10 種可以多賺錢的特定方式，以及 10 種可以少花錢的特定方式；在這兩類方式中分別圈出 2 種來加以落實。

---

❸ 譯注：語出電影《伴娘我最大》。

03. 四個儲蓄桶：
多一天就多一元

　　長話短說：開個高收益儲蓄帳戶來利用複利，讓你的儲蓄得以成長。你要根據需要用錢的時機，把儲蓄分成四桶。一號桶是急用，二號桶是用於明年之內的貴重物品，三號桶是用於一年之後的貴重物品，四號桶是退休金。先填滿一號桶，再著手於二號和三號桶，同時邁向四號桶。

　　美國人的存錢能力很遜，19％的美國人完全沒有提撥任何錢來應付急用。[2] 呃，難怪每個人都欠債！價值企鵝（ValuePenguin）報導，35 歲以下的人，平均只存了 1,580 美元！[3] 你的下巴是不是快掉下來了？噢，還有，三分之一的美國人為退休而儲蓄的錢是零。[4] 唉。

　　各位女士及先生，你們有兩個理財目標：

⑴增加資產。

⑵減少負債。

這就是你需要知道的一切。這樣我還需要寫完本書的其餘部分嗎？好吧，我會寫下去。

既然我們意見一致，那就容我來為各位定義資產和負債。資產是增添淨值的項目：現金、儲蓄帳戶、退休金、住宅的價值、別人欠你的錢等等。負債是減損淨值的項目：貸款、信用卡債、房屋的抵押貸款、你欠別人的錢等等。以下來解說這一切如何運作：

$$資產－負債＝淨值$$

因此，要讓淨值成長，就必須增加資產和／或減少負債。

我奉勸你每個月都以資產負債表來追蹤淨值，這道演練可能會讓人大開眼界又好玩！（我是認真的！）以下是資產負債表的例子：

資產			
資產	結餘	賺得利率	
現金	$500	0.0%	
支票帳戶	$100	0.0%	
401(K)1	$5,500	5.5%	
401(K)2	$7,987	6.9%	
個人退休帳戶	$13,865	8.8%	總資產：$27,952

負債			
月花費	結餘	利率	
抵押貸款	$102,000	4.5%	
房屋淨值貸款	$32,500	4.0%	
信用卡 2	$5,800	20.0%	
信用卡 3	$823	20.2%	總負債：$141,123
			淨值：$(113,171)

＊ 你可以到 https://www.moneyhoneyrachel.com/free 免費下載這份資產負債表，謹此獻上。

賺取利息

　　魔法是存在的，它是以連續複利的形式存在。這個美妙的數學概念，解釋了你可以在今天存入 10,000 美元，然後 30 年什麼都不做，最後砰一聲就有了 44,816.89 美元（假定連續複利是 5％）。這可不是我在鬼扯，把杯子倒滿、坐下來，讓我向各位解釋一下。

　　把錢放進表明會付你利息的儲蓄機制，你就會賺得利息。這就像是有間銀行在說：「挑我、選我、愛我；我甚至會付錢給你！」所付的錢則是按銀行的利率來計算。

　　且容我從「複合」的概念開始，來剖析連續複利這個詞。「複合」意味著你所賺得的利息，會加進存款的本金裡。換句話說，你會賺得利息的利息。讓我們複習一下國中的代數課本。你把 100 美元存進儲蓄帳戶，每年所賺得的利息是 10％，也就是 10 美元。一年後，你便有了 110 美元。到了第二年，你又會得到 10％的利息，但這次是以 110 美元的金額為本，所以你會賺得 11 美元。第二年結束時，你

便有了 121 美元。這是怎麼運作的？利息會加到總額裡，使你每年賺得的利息愈來愈多！這就是為什麼據說愛因斯坦把複利稱為史上最偉大的數學發現。

＃解題完畢。連續複利意味著，利息能按任何時期來複合。在上述例子中，利息是按年來複合。它也可以按半年、月、日，甚至是連續複合。利息複合得愈頻繁，總體就會賺得愈多。我可以用細節和公式來把你搞到煩，但還是算了吧。你只要知道，日複利率 1% 的銀行帳戶，比年複利率 1% 的銀行帳戶要有吸引力。以下是我推薦依照個人用途來儲蓄的銀行，但你也可以上 Google 快速搜尋一下「最佳高收益線上儲蓄帳戶」。

- 艾利線上儲蓄（Ally Online Savings）
- 巴克萊線上儲蓄（Barclays Online Savings）（我目前所使用的）
- 聯合信用合作社（Alliant Credit Union）
- 高盛銀行（GS Bank）

簡單談一下年收益率（Annual Percentage Yield, APY）

的概念，年收益率是利率的標準化表示法，以一年的複合時期為準。好比說，你正試著比較好幾家銀行的好幾種利率。這些利率都會複合，不管是按月、日或連續，年收益率則是把它們換算成每年的比率，使你能放在同個基準上進行比較。當然，愈高愈好。說到底，在比較不同銀行所給的利率時，你總是會想要比較年收益率，因為這個數字會說明相異的複合時程。

了解利息如何運作（以及它為什麼這麼重要）對設定各種儲蓄帳戶非常重要，這樣你才能達成目標。還有，知道有銀行給的年收益率超過 1％，對比你的支票帳戶所給的0.01％，將有助於你把錢投入運作。**#知識就是力量**。接下來，我們來看看你的儲蓄策略。

四個儲蓄桶

我們來談談如何讓資產成長，特別是現金或支票帳戶、儲蓄帳戶、投資帳戶和退休帳戶。

你手上或支票帳戶裡的現金會隨時流動，意味著你可以立刻動用在花費上。假如你剛領薪，你或許有很多現金可動支。或者假如你是個大學生，名下只有 3.81 美元，這樣的話我想向你舉杯來紀念逝去的時光。

儲蓄是全然不同的一回事。這是因為，有時候你儲蓄是為了緊急修車，有時候你儲蓄是為了一年後的婚禮，有時候你儲蓄是為了 60 歲時能退休，有時候你儲蓄則是為了在下班後去喝幾杯馬丁尼。我們全都有不同的儲蓄目標（而且常常有很多個），現在，請配合我來假想四個桶子：一號桶是急用儲蓄；二號桶是中期儲蓄（一年以內）；三號桶是長期儲蓄（超過一年但在退休前）；四號桶是退休儲蓄。

還記得你的黃金數字嗎？你就是要用這個數字來填滿四個桶子。急用儲蓄的一號桶至少該放 1,000 美元。這是要應付任何突然冒出來的未知開銷，像是家中電器突然故障等等。一號桶所應付的開銷是你並未準備，但卻必須馬上補救，也就是不可預見的緊急支出。這些資金應該要易於隨時動用，所以要能即刻提領。你可以把這筆錢放在支票帳戶、能立刻動用的儲蓄帳戶，甚至是放襪子的抽屜裡。不要為了

可以賺多少利率而煩惱,這筆錢唯一的職責,就是在需要時可動支。還有,要親切提醒你的是:你在百貨公司看到的那些超讚鞋子並不屬於急用,很可惜。

　　中期儲蓄的二號桶的首要之務,是當成次要的急用桶。萬一你丟了工作,它必須包含足夠的錢來讓你撐過 3 ～ 6 個月。先計算你一個月要花多少錢來維持生計,並乘上 4.5 倍,你要確保二號桶至少保有這樣的金額。希望你不必事後來謝我。因為在接下來的 12 個月內,不管你是為了什麼而儲蓄,所用的也是二號桶。這或許包括買車、度假、完成房屋工程,或是買訂婚戒。並不是這兩種條件都需要,只要看哪項金額比較高。假如你 4.5 個月的支出是 3 萬美元,而且在接下來的 12 個月內要為值 2 萬美元的東西儲蓄,那二號桶就該保有 3 萬美元。

　　既然二號桶會在一年內動用，我推薦把它留在高收益的儲蓄帳戶中，不要把這筆錢拿去投資股市。假如你把錢拿去投資股市，而且不到一年就出場，你就必須繳個倒楣的玩意兒：短期資本利得稅❹。為了避開這種稅，我推薦只把錢拿去投資可以存活超過一年的股市項目。所以二號桶要擺在高收益儲蓄帳戶中，你若有需要，就能在幾個營業日內把錢領出來，但所賺的利息還是比支票帳戶多。

　　不管是為了什麼而儲蓄，如果是超過一年但早於退休的花費，你都要存在長期儲蓄的三號桶中。假如你現在 12 歲，你會想要用這個桶子來開始為結婚而儲蓄，因為如今這些東西就要花掉 40,000 美元。**#但願我是在開玩笑**。言歸正傳，對大部分的人來說，未來的婚禮和蜜月都會落在三號桶。這個桶子作為買房的積蓄也很棒。我推薦拿三號桶去投資股市，它很可能會成長得遠超過儲蓄帳戶。

---

❹ 編注：美國稅務居民投資美股時，若持有一年以下，資本利得稅會併入個人所得稅合併計算；若持有一年以上，則能享有長期持股的優惠稅率。

最後，四號桶是為了退休而儲蓄。假如你和我年紀差不多，談退休還頗為遙遠，因此我們有好幾十年並不需要動用這筆錢。這筆錢應該要放在個人退休帳戶、401(K) 退休金或其他的退休帳戶裡。麻煩幫自己一個忙，想像退休帳戶就像是現金的牢房。在退休之前，你都不能動用這筆錢。好啦，不騙你了：在現實生活中，只要你需要，就能動用這筆錢，但是得依照帳戶的類型，假如在達到退休年齡前就提領，正常來說，你必須要繳稅和高額的罰款（詳見第 168 頁）。所以，為了我們的目的，除非你確信自己在退休之前都不會需要這筆錢，否則就不要將這筆錢存進四號桶。因為假如你真的必須早早提錢，會對狀況很傷。由於四號桶最終所需的錢會遠遠多於別的桶子，所以你在後半輩子都會固定往裡面存錢。歡迎來到大人的世界。

如果你還是分不清楚，那這樣說吧：四個桶子是依照動用錢的容易度，也就是所謂的流動性來劃分的。這幾桶金之所以存在，是因為有時候你需要為了急用而馬上動用到它，但有時候你也可能 40 年都不碰它，因此可以把它鎖在退休帳戶裡。你或許會覺得 1,000 美元作為急用儲蓄不太夠，或

者三號桶對你不適用，因為你沒有切合這個類別的儲蓄目標，或者你寧可不把長期儲蓄拿去投資股市；這都是你的特權。但這套結構會對你發揮奇效，而且你可以依照本身的需求來客製化。

我對此很嚴格：**你必須先把一號桶填滿！** 在開始為其他任何東西儲蓄前，你需要先有急用儲蓄。這會確保當你有急用時，你會充分準備好。

現在先暫停一下，這是多一些腦力激盪的大好時刻，好讓你能訂出自己的一套系統。去拿你的櫻桃口味蘭姆酒，還有紙筆。動起來，我會等你。

在紙上畫出四個大桶子，並用 1～4 來編號。當我談到

桶子時，我假想的顯然是香檳桶。

在一號桶寫下 1,000 美元。

接下來，還記得你之前所估計的月支出嗎？把總計月支出乘以 4.5，並把這個數字寫在二號桶。這樣計算的理由是，你會需要在二號桶裡有足夠 3 ～ 6 個月的生活開銷，以防火燒屁股。二號桶是為了確保，假如你真的很長一段時間沒有工作，也有足夠的本錢活下去。

現在，針對二號和三號桶來腦力激盪，你想要為了明年之內（二號桶）和超過一年後（三號桶）而儲蓄的所有項目或體驗。以下是助你喚起記憶的清單：買房、買車、旅行、婚禮、完成房屋工程或裝修、讀研究所、出國留學、生兒育女等等。等腦力激盪完，就在各項旁邊寫下估計是多少錢，並全部加總起來。

暫停一下。先看看你針對二號桶所腦力激盪出來的項目，這些是你想為了明年之內而儲蓄的東西：總金額是大於值 4.5 個月的支出數字嗎？假如是，就把這個總金額的數字圈起來。或者，明年之內的儲蓄目標數字是小於值 4.5 個月

的支出數字嗎？那就改為把支出數字圈起來。

　　現在你應該得到了二號和三號桶的總金額。到目前為止，你的紙上看起來應該會像是這個樣子：

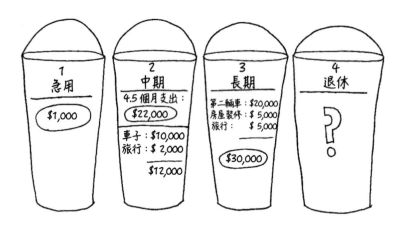

　　（羨慕我的美圖嗎？去 https://www.moneyhoneyrachel.com/free 免費下載 Excel 版。）

　　是的，我們並沒有談到四號桶。我不想潑你冷水，但假如你離退休還有不只 20 年，你我都不會曉得退休時需要多少錢。對，你是可以估計，但現在到退休之間有許許多多未

知的變數，即使是最好的估計也不過是在猜測。唯一的例外是，假如你將屆退休，在這種情形下，就要把最好的估計寫下來。

我可以寫整本書來談退休，但我並無此意，所以我會讓你自己去研究所有的要點。我也可以給你一個目標（每次領薪水都存下 15％！），但要是不懂得自己獨一無二的情況，這就沒有意義。說到底，退休就是需要很多錢，我們談的數字高達六位數美金，所以你需要盡量多儲蓄。你可以暫且對四號桶打上大大的舊式問號。我們後面會更詳細討論你的退休計畫。

我們來談談實作策略。你要怎麼把這些桶子填滿？我會替各位排出優先順序。首先是一號桶，即使你只因為要填滿一號桶，而導致必須好幾個月都不提撥金額到退休帳戶中，你也得照做。沒有什麼比至少保有 1,000 美元的急用儲蓄來得重要。假如你沒有急用基金，等到緊急狀況發生時，你就會被甩出儲蓄遊戲而前功盡棄。等你做到了這項，我們就能來談如何把錢分配到二號、三號和四號桶。

一號桶最重要，其次重要的是四號桶。對，退休還很遠，而且你想為你目前已知在明年之內會需要的東西而儲蓄，但假如你現在不開始為退休儲蓄，你就會沒得退休。因為你剛喝了幾杯酒精飲料，我再說一遍：假如你現在不開始為退休儲蓄，你就會沒得退休！

所以，等一號桶吃飽並心滿意足（就像是現在的你），你就要固定提撥至四號桶。我本人會盡可能多提撥過去，同時也達到我對二號和三號桶最重要的儲蓄目標，但每個月甚至只是提撥 50 美元過去，也好過一毛都沒有！而且你總是能遵循每次領薪就存下 10 ～ 15％的守則，但就如先前所說的，這頗沒有意義，因為你不知道退休時需要多少錢。這點在後面還會談到。

在一號和四號桶後面，下一個優先的是二號桶，因為假如你真的丟了工作，它會是你提錢的地方。這桶金應該要保障至少 3 ～ 6 個月的生活開銷，或者不管你為明年羅列的儲蓄目標，就看生活開銷和明年儲蓄目標之間，哪個數字比較大。所以在填滿一號桶並固定提撥至四號桶後，我會把其餘的黃金數字放進二號桶，直到滿了為止。然後等二號桶滿

了,自然就是要填滿三號桶。

　　你或許會因為覺得很抽象而感到受挫。這道演練對每個人來說都不同,並沒有硬性規定。拿出大人的樣子,用腦袋來研判什麼對你和你的情況最行得通。假如你已走了這麼

遠，並了解自己終究會填滿前三桶，同時固定對四號桶提撥，那麼你已經很進入狀況了。

「等一下，瑞秋！我的黃金數字不太夠，沒辦法把錢分到所有桶子裡！」對，桶子有很多，但你千萬不能有太多桶。還有，我從沒說過這會足夠，填滿一號桶可能要經過好幾次領薪。依照你的儲蓄目標，甚至可能要花上一整年才會填滿一號桶和二號桶。這無所謂！進步就是進步，只要按照我所羅列的順序來做就好了。我不會要求你一夕之間就有50,000 美元的儲蓄。

希望現在你能看出黃金數字為何如此重要，以及你為什麼該增加收入並減少支出。讓黃金數字成長，意味著你會更快達到儲蓄目標，也意味著你的資產會成長，你的淨值也是。盡力而為，教育自己，並相信自己。

第 **3** 篇

債務

04. 沒有好的債務，
只有可忍受的債務

長話短說：沒有好的債務這種事，頂多是還可以忍受的債務，但一樣是壞的債務。拿你的融資利率來跟標的資產的上漲比率做比較，就會確知你在背債以前是否做對了選擇。

請遷就我的玩心，去上網站 www.USDebtClock.org。我現在正看著它，並試著抵抗輕微的恐慌症發作。

美國人的信用卡債超過 9,999 億美元。[5] 這個數字後面可是跟著九個零：999,000,000,000 美元的信用卡債。我現在一邊想把飲料拿好，一邊試著保持冷靜。

再來，美國的平均學貸債務是 50,000 美元，家戶平均欠債 163,000 美元。[6] 這又是為什麼？

我們再來一次，你的兩個理財目標是什麼？

⑴增加資產——讓黃金數字成長，讓四個桶子能
　配置到更多儲蓄。

⑵減少負債——把債務還掉。

首先，債務是什麼？債務是負債、借據、欠別人的金額，包括房屋抵押貸款、車貸、學貸、信用卡債或是其他任何積欠或應付的財務金額。向朋友借 100 元？你就是欠他的債。

信不信由你，並沒有「好的」債務這回事。大部分的人所視為的「好債」，我則視之為尚可忍受的債務，在光譜另一端的是壞債務。請注意，我不希望你把這些給搞混！

 ## 可忍受的債務 vs. 壞的債務

對於可忍受的債務，我通常的定義是「會支撐上漲資產的債務」：上漲即價值增加。想像一下你的房子，它是可忍

受的債務中僅有的例子。你握有房子的價值，它是資產，然後你有抵押貸款，它是負債或債務。大家多半會期待房子的價值上漲。背債去購入價值會上漲的資產，通常說得通；背債去購入那個 Coach 包包則不然。有概念了嗎？

依照這個定義，我們可以把車貸和信用卡債歸類為壞的債務。車的價值除了往下掉，就沒地方好去了，而且不管你用信用卡購買什麼，買下來之後，轉售的價值很可能就會歸零。

接著是隨堂考！這個情境是以真實的故事為靈感。羅斯和艾蜜莉（化名）運用房屋淨值貸款，在蜜月時以 3,000 美元購買了畫作。10 年後，畫作值 10,000 美元。這是尚可忍受的債務，還是壞的債務？是可忍受，因為畫作的價值增加了。

此處要注意的是：如果羅斯和艾蜜莉以信用卡支付這幅畫，導致要繳 20%的利息，而畫作在 10 年後卻只值 4,000美元呢？依照我的定義，資產上漲了，所以它依然是可忍受的債務嗎？錯。請注意我在上面的定義，是「通常來說」，規則總是有例外。想知道是真正尚可忍受的債務還是壞的債

務，就必須在比率上加以比較。我們要做的，是拿借錢的利率來比較資產價值增加的比率。換句話說，不管你買了什麼，你最後是不是繳了 25％ 的利息，卻只實現了 10％ 的上漲？假如是的話，這就完全不合理了。

在上述例子中，羅斯和艾蜜莉每年要繳 20％ 的利息，在 10 年的跨度中，畫作的價值從 3,000 美元增加到 4,000 美元。因此，畫作的價值是以每年約 3％ 的比率增加。我是怎麼把這算出來的？我上 Google 搜尋了「複利計算器」，並不需要把這變成艱深的火箭科學。

所以你會為了 3％ 的報酬而繳 20％ 的利息嗎？我想不會吧。因此在這個例子中，買畫作就是壞的債務。

我們再來看一個例子，但假如你要說的是：「瑞秋，這我看懂了。」那你可以跳過。

好比說你的男友花了 1,000 美元買訂婚戒，而且白馬王子男友利用了珠寶店 3 年 1％ 的融資。3 年後，戒指值 2,000 美元。所以你的本能反應是什麼？這筆「投資」是否值得？

（Google 一下）絕對是，這值得！相較於該店的融資是 1%，這個戒指的價值是以每年超過 20%的比率上漲！

各位朋友，面對現實吧。你在買訂婚戒或畫作之類的東西時，根本不知道它的價值會不會上漲。你或許會推測，但要等事後才會知道。我會推薦不要購買你期待未來會上漲的任何資產。我並非藝術專家或鑽石的專業人士，而且對於這些東西，我都絕不會背債去買。在現實生活中，可忍受債務的例子少之又少，而且沒有多少會讓我願意背債。幹嘛要冒這個險？2008 年的崩盤證明了，連你的房子也不會總是在增值。所以，在為任何投資背債前都要做功課。長話短說：幾乎所有的債務都是壞的債務。

 ## 債務是種情緒負擔

想想債務本身。假如有任何債務，你在財務上就不自由。你欠人家錢，這是負擔，是你扛在身上的重量。也許你認為我言過其實，但對其他人無所虧欠、不必還款、財務獨

立，你能想像這感覺會有多好嗎？為了這種心理上的解脫，我個人會竭盡全力避免欠債，而你也應該像這樣來思考。只要有可能，就把它甩掉。

「可是，可是！」對，我知道你會說什麼。那學貸呢？那必定是尚可忍受的債務，對吧？耐心點，年輕人，我們馬上就要來談了。

在後續幾章裡，你會學到建立良好信用評分的重要性，以及能在哪裡免費找到自己的信用報告。我也會告訴你各種類型的債務：學貸、信用卡債、房屋抵押貸款和房屋淨值貸款等等。

05. 信用評分：財務的等第績分平均

長話短說：你需要靠良好的信用來購買貴重物品，以及符合較低保險費率的資格。

美國三家主要的信用報告機構是環聯（TransUnion）、易速傳真（Equifax）和益博睿（Experian）。❶影響信用評分的主要因素是繳款史、債務利用率、信用史長度、查詢次數，以及信用帳戶的數目和類型。

你有買過豪宅、藍寶堅尼，或是開創自己的事業嗎？來

---

❶　編注：臺灣唯一的跨金融機構間信用報告機構是財團法人金融聯合徵信中心（簡稱聯徵中心），提供當事人查詢信用報告書、受理當事人信用註記及信用諮詢等服務。

向所謂的信用評分說聲嗨。或者是選項 B：以現金支付每樣東西。我目前就愛上了選項 B，不過，它從一開始就令人心碎，因為我對選項 B 力不從心。你對它也力不從心，除非你無論何時決定買下那輛藍寶堅尼時，都掏得出很酷的 50 萬美元。唉。

假定選項 B 暫且是目標，我們先來聚焦於第一個選項：建立信用。

基於幾個理由，你會想要有良好的信用。信用評分是許多企業用來研判你是否可靠或值得信賴的數字。例如：

1. 良好的信用評等會降低自有住宅、汽車和壽險的利率。較低的利率就可以為更優、更好玩的東西騰出現金。
2. 良好的信用評等有助於你獲得雇用，因為許多雇主會對潛在員工查核信用。在應徵工作時，不要輸在這個環節上。
3. 信用有助於保護你避免詐騙和遭到身分盜用。因為對於任何詐騙性的花費，大部分的銀行都

會賠給你,而且假如在你的帳戶中留意到可疑
的活動,很多銀行都會提醒你。

4. 良好的信用評等有助於你租屋,而你則是需要
   租到買得起房為止。❷

長話短說:信用非常重要,你需要現在就開始建立。

我不想這麼說,但建立信用最好的辦法就是去申請信用
卡。我討厭這麼說的理由是,因為很多人一動用信用卡,就
會難以控制花費。請仔細閱讀談信用卡的第 7 章,以便親身
體會伴隨它而來所有可怕的事。

假如你沒有信用史,最好的辦法就是去申辦信用額度低
的信用卡。現在的信用卡有一大堆選擇,我的第一張信用卡
是發現(Discover It)卡,信用額度則是 1,500 美元。假如
你因為缺乏信用史,而在申辦信用卡的資格上有麻煩,或許
就需要找擔保人。這意味著請家庭成員或朋友替你擔保,以

---

❷ 編注:以上大多數原則適用於美國,關於臺灣的適用規則,可上
聯徵中心的網站查詢:https://www.jcic.org.tw/main_ch/index.
aspx。

他們的名聲和信用評等來為貸款背書。開始建立信用的第三個選項是，成為別人信用卡的授權使用者。

把信用卡當成簽帳卡來使用，每個月都全額繳清。**每、個、月、都、全、額、繳、清**。把信用卡納入日常生活例行購買的付款方式之一，並照章行事把帳單全額繳清就對了。你是在建立信用。

要百分之百準時繳款的，可不只有信用卡……水電瓦斯、其他帳單、房租等等也是。帳單沒有繳清，可能就會轉給催收機構，而損及你的信用。所以要滴水不漏，千萬不要錯過任何繳款。你可以設定自動全額扣款，以確保不會忘記繳款；對於所有的信用卡都可以這麼做。

 信用報告

美國有三大信用報告機構：環聯、易速傳真和益博睿。在你有信用卡、學貸或其他某種類型的信用前，這些機構不會有你的詳細資料。這些機構會把你的信用史詳情彙整成報

告，好讓金融業者在核發新的信用卡或貸款給你時，確認它們所要承擔的風險類型。這些彙整好的資訊，大部分都會無限期存留在你的信用報告中；這就是為什麼你必須讓評等愈高愈好。謹供參考：這三家公司各自獨立運作，所以你的信用評分可能會隨各家而異。

美國聯邦法讓你有權利每 12 個月就從各家拿到一份免費的信用報告，所以每年就是三份。不過，大部分的消費者都能一直取得信用評分。很多信用卡公司會把免費的信用報告當成優惠來提供。CreditKarma 網站是免費的，我每週都會上去查核我的評分。

重要的是，每年查核信用的次數要超過 3 次。因為所謂盜用身分這件好玩的小事，可以把你的生活給打亂。我所說的是，比起你打開前任交往對象在 23 週以前的 Instagram 照片，然後按下喜歡還糟。基本上，如果有人掌握了你的名字、社會安全碼和生日❸，那他就能假裝是你去申辦信用卡和貸款，並且花錢。然後假如你沒繳款，就會損及你的信用評分。這些罪犯很難落網，這就是為什麼我會週週去監控我的評分。它是預防措施，就像是洗牙，保護自己，定期去查

核你的信用。

信用評分的因素

信用評分的數字介於 300 ～ 850 分之間，評分愈高愈好。為了讓你有個底，假如低於 600 分，大部分的放款業者就不會核准你申辦抵押貸款。你的目標是要讓信用評分盡可能接近 850 分。提供參考：費埃哲公司（FICO）信用評分在美國的平均是 695 分。[7] 但既然本書的讀者超乎常人，我們至少要瞄準 750 分。❹

下頁圖是會影響信用評分的因素。

1. 繳款史。 你是否有準時繳款，大約占評分的

---

❸ 編注：社會安全碼為美國政府發給美國居民的一組九位數號碼，其作用類似臺灣的身分證。此處多數原則適用美國，關於台灣的適用規則，以聯徵中心公告為準。

❹ 編注：聯徵中心提供的信用評分介於 200 ～ 800 分之間，並提供分數之百分位區間。

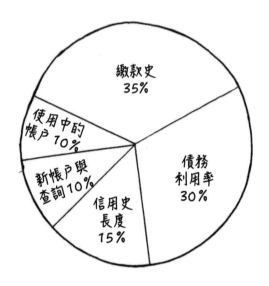

35％，所以連一次遲繳也可能產生巨大的負面
衝擊，每次都應該要準時全額繳清。信用史的
另一個部分是公開紀錄，會包括破產、判決和
催收項目。

2. **債務利用率**。這是指你在總信用額度中使用了
多少額度。這個數字愈低愈好。例如在 5,000 美
元的信用額度中，某人把 5,000 美元全用光了，
比起只用了幾百元的人，看起來就有點「信用
瘋狂」。每個月都把餘額還清，你就能維持健

全的利用率。債務利用率大約占評分的 30%。
簡單小技巧：每年都可以要求提高信用卡的信
用額度。當信用額度提高，而你繼續花費相同
的低金額時，債務利用率就會降低，有助於信
用評分提高。

3. **信用史長度**。不幸的是，假如你還年輕或者才
剛開始要建立信用，你就是居於劣勢。放款業
者喜歡看到很久以前所開立的較老帳戶，這大
約占評分的 15%，因此，一般來說都不建議關
閉最老的信用帳戶。

4. **新帳戶與查詢**。對於放款業者而言，短短一
段時間內就開設多個新帳戶會有可疑之處。還
有，每當別人調閱你的信用報告時，不管調閱
的是你本人或是放款業者，查詢就會記錄在你
的信用報告上。這種調閱愈少愈好。這大約占
評分的 10%。

5. **使用中的帳戶**。普遍來說，信用帳戶較多的
消費者評分比較高，尤其是搭配不同類型的信
用。這大約占評分的 10%。

　　說到底，總是準時繳款；只使用總體信用的少量額度；把最老的帳戶開著以增加平均的信用史長度；不要有太多信用查詢；確保不同類型的信用帳戶健全搭配。做到這五件事，就會盡可能接近 850 分。❺

---

❺　編注：聯徵中心的信用評分組成，包含繳款行為類、負債類和其他類信用資料。各類資料的比重，以繳款行為、負債型態與負債程度多寡等對評分的影響較大。此處適用於美國的原則，在臺灣以聯徵中心公告為準。

06. 學債——可以滾了

　　長話短說：你有考慮念大學嗎？如今的大學學費會明顯造成財務負擔。剛從學校畢業嗎？學貸的應繳款可以用較低的利率來整併，替你省下一筆。要為子女的教育存錢嗎？父母可以利用 529 計畫（529 plan）的稅務補助。[6]

　　學貸產業非常離譜。千禧世代無法在 35 歲之前還清學貸，23％的千禧世代工作者則因為學貸未清而延後生育。[8]聰明點，不要讓學貸支配了人生！

---

[6] 編注：529 計畫旨在幫助美國家庭為大學教育儲蓄。詳見本章節後續說明。

進入大學之前：它值得嗎？

美國社會有股強烈的風氣，認為擁有大學學位的人才能成功。我不會挑起這場辯論，但在取得學位的成本飆升到史上最高點的同時，這筆投資值得花些時間來進一步審視。所以我們就來聊聊，為了取得大學學位，值不值得背上幾萬美元的債務？我討厭傳遞壞消息，但要預測大學學位的價值真的是不可能。

有些人會拿統計數字來堵我的嘴：「大學剛畢業的工程師平均能賺 70,000 美元！」「大部分護理師的起薪只有50,000 美元！」於是他們就宣稱，他們真的能算出學貸值不值得。

的確，平均來看是挺不錯的，但你要怎麼百分之百確定，你大學畢業後會賺到多少？除非你會通靈，否則你壓根兒不會知道。（假如你會的話，請立刻寫信給我。）

別誤會我的意思。評估大學學位的價值，以及你在所選

的職涯中可能的收入，是值得檢視的選項。我支持你想要完成成本與收益分析的想法，但我得提出警示：對數字不要只有表面上的理解。

我有財務經濟學的學位。我 2013 年畢業時，當年擁有財務經濟學學位的應屆畢業生，平均起薪是 60,000 美元。猜猜我一開始的起薪是多少？36,000 美元。而且我還是等第績分平均（GPA）3.99 的學生，在班上排名第三，只讀三年大學就畢業。這是個超大的警訊。超、級、大。（不要替我感到太難過！我現在賺得比較多了。）

有些人主張，只要計算總教育成本和未來進帳的淨現值，就能精確算出大學學位的報酬率，請不要這樣做。你的未來進帳仍是未知數，在進入職場開始賺錢之前，你不會知道自己的大學學位值多少錢，而且假如到時候你發現這果然是筆爛投資，它可不是能夠回頭取消的項目。你或許會有個底，但你不會知道結果如何。

另一個要考慮的是機會成本，你失去的機會，是原本可以拿這相同的四年來得到一份薪水較低的工作。或者，這筆

用來繳學貸的 30,000 美元，本來要作為你創業的資金。你必須考慮到利用這些錢和時間的所有途徑。

回頭參照上一章，如果只是期待某樣資產的價值上漲或等值於某個金額，而去背債的人，純粹就是笨蛋。大學學位是個難以辯論的主題。在有大學學位就像是擁有一條褲子一樣理所當然的國家裡，沒有大學學位的人還能有什麼機會？另一方面，假如你不知道自己會賺多少錢，你怎麼知道你可以接受的學貸數字呢？在大多數沒有答案的情況下，我不會假裝每個財務問題都有漂亮的答案。扛學債全然要看情況，到頭來你需要去做對自己而言是對的事。但拜託你不要為了美術學位而去貸款 60,000 美元。做足你的功課，至少試著去跨入成長中的高薪行業，同時致力於多賺一些獎學金。這是你最好的辦法。

請以副業來追求熱情。假如你能靠追求熱情來謀生，那任何事都阻止不了你。但假如不能，那你就必須先謀生，然後才去追求熱情。你聽到我說的了：如果夢想不能幫你賺到任何錢，就不要跟著它走！這或許是我在本書中所寫到最有爭議的事（僅次於「假如你認為舉行 40,000 美元的婚禮是

無可避免的,那你就是白癡」),我對這點倒無所謂。

 ## 進入大學之後:繳學貸

對於第一張學貸帳單,我想用一個詞來形容:上大號。就像上大號,繳學貸一樣是無可避免的。

我所收到的學貸問題,大部分集中在債務整併上。從學校畢業後,向三家貸款業者繳交三筆分開的金額,算是很常見的。為了避免這點,你可以「整併」債務,意味著把貸款全部結合為一筆本金。

學貸整併有兩類:聯邦和民營。聯邦整併是透過美國教育部來完成,而且不會降低利率或省到錢。事實上,它甚至可能會提高利率或拉長還款期,意味著你在貸款的整個效期中,要繳的利息更多。假如要走這條路,就要把功課做好。

聯邦學貸整併有兩層好處:第一,有時候你必須經歷這個過程,才會有資格申請某些聯邦貸款的還款方案;第二,

它會把事情變得比較簡單。無論如何,這樣的整併都會形成單次月繳,而不用在不同的時間向不同的貸款業者多次繳款。

民營學貸整併則是透過民營放款業者來完成。民營整併主要的好處是,你能符合較低利率的資格,進而省到錢。對我來說,顯而易見的選擇是民營整併。因為假如在總體上不能省到錢,為什麼還要費心處理?

如果你正在考慮整併學貸,以下是一些要問自己的問題:

- **我的主要目標是什麼?**例如,你如果想要藉由較低的利率來省錢,那就用民營整併。假如你掙扎於收支平衡而需要月繳較少金額,所選的整併就要讓你能延長還款期,並且能降低月繳金額。
- **我每月能負擔多少繳款?**
- **我的信用評分是多少?**較好的信用評分等於較好的利率。
- **我能結合聯邦和民營學貸嗎?**簡單回答:通常是不能。

切記，對於聯邦貸款，你可以制定以收入為準的還款計畫，所以在整併前，你或許會想要考慮利用這點。

假如你在考慮學貸整併，要去洽詢的公司有社會融資（SoFi）、誠意（Earnest）、達羅銀行（DRB）和市民銀行（Citizens Bank）。[7]

 ## 我該繳超過最低金額嗎？

就像大部分的事情一樣，你要看情況才知道該繳多少：你在桶子裡已經存了多少錢？該存的是多少？支出是多少？收入是多少？其他債務有多少？要考慮的變數有很多。不過，我總是提倡要盡可能及早還清債務。

以我的超殺妹妹蘿倫為例，她畢業時欠債超過 20,000美元。蘿倫畢業後，便開始當起產後護理師。她搬回家跟父

---

[7]　編注：在臺灣，就學貸款可以申請跨行合併計算，根據各家銀行規定而有所不同。

母住以便省錢，並把開銷壓到最低。她開的是很破的舊車。她很聰明，沒有背任何信用卡債，唯一的負債是學貸，而且她決定正面對決。於是她保留所有剩餘的錢，並沒有花在旅行、鞋子或沒意義的廢物上，而是全部拿來繳學貸。她一年就還掉了快一半！如果你和她處於同樣的處境，絕對該繳超過最低應繳款，原因是：為什麼不？說到底就是酷。像蘿倫一樣酷。

然而，不是每個人都那麼幸運。大部分的人同時要應付好幾種債務，導致沒有一大堆剩餘的錢可供調度。在這種情況下，要確認你該不該繳超過最低應繳款就比較棘手一點。我在後面會探討的詳細策略是，如何平衡所有的債務和儲蓄目標，因為當錢有限時，決定要把錢放在哪，可能會讓人手足無措。

 ## 為人父母：為子女的大學教育而儲蓄

上大學的成本真的嚇死人。要是在私立非營利大學念

四年，包括學費、雜費和食宿，約莫要花掉 175,000 美元，而在比較不貴的公立四年制州立大學，則是接近 80,000 美元。⁹很多年輕人都以學貸來負擔大學教育的成本，造成畢業後財務拮据。

各位爸媽，假如你們煩惱這會對子女造成財務負擔，且容我向各位介紹 529 計畫。529 計畫是由州或州立機關所贊助的稅務優惠儲蓄計畫，用來鼓勵民眾為將來的教育成本而儲蓄。各州都有本身的 529 計畫，但普遍來說，各計畫都可用來支應其他州合格大學的成本。因此，不用限制孩子去念某區的大學。以下大致列出 529 計畫的優點跟缺點。

|優點|

(1) 稅務減免！提撥不可抵扣，但 529 計畫的進帳成長不收聯邦稅，把錢領出來繳給大學時也不課稅。很多州還給予稅務減免。

(2) 帳戶是由捐贈人（你）控管。如此一來，身為指名受益人的子女對基金便沒有合法的使用權利，因此你能確保錢會用於預定的目的。

(3) 省事。不管你挑的是哪種方式，提撥都能設定為自動投資。

(4) 彈性。任何人都能開設 529 計畫，而且不像退休帳戶，529 計畫沒有收入限制、年齡限制或年度提撥限制。還有，任何人都能提撥金額到你所開設的 529 計畫，這意味著祖父母、其他親戚或非親戚都能對現存的帳戶贈與。此外，529 計畫的資產能用於任何合格的高等教育機構。這不僅包括四年制學院，還有合乎資格的兩年制專科學位學程、技術學校和職業學校。

缺點

有個顯而易見的疑問是，要是子女年滿 18 歲，卻決定不上大學呢？你提撥到 529 計畫中所有的錢會怎樣？最容易處理的方法，是把指定受益人換成另一位家庭成員，而這麼做並不會影響稅務或被罰款。所以假如你有別的子女，這是你最好的辦法，你也可以為將來的孫子儲蓄基金。嘿，你甚至可以把受益人換成自己，去攻讀研究所學位。

不過，假如你找不到他人來使用這筆具教育目的的錢，

那你準備要扛的不只是稅,還有提領進帳部位 10％的聯邦罰款。提撥到帳戶的錢已做好稅後處理,因此不會課稅或罰款,但進帳全都會。假如你對帳戶資助過多,子女卻沒有全部用掉,或是拿到的獎學金超出預期,也會變成相同的情況。這就是我不會一股腦兒推薦 529 計畫的主要理由。對很多家庭和情況來說,它超讚。但你無法預測未來,假如子女到最後沒有上大學,你就浪費了原本可用於自己退休的龐大稅務補助。這會是重傷。

529 計畫未必適合操作時程短的人。假如離上大學只剩一年或兩年,那免稅成長的好處就有限,因此未必值得大費周章。當你事先在幾年前就開始這項計畫,使錢有足夠時間成長時,這些計畫會最有利。關鍵是要及早開始。

07. 信用卡──
刷卡的優缺點與策略

　　長話短說：除非每個月都把帳單全額繳清，否則不要使用信用卡，不然你到最後就要繳數百美元的利息。但假如使用得當，信用卡會帶來超棒的好處和獎勵。

　　錢鬍子先生（Mr. Money Mustache）在他的部落格上對消費債（consumer debt）下的結論很棒：

　　　　消費債其實壓根兒就不該存在，它就是個完全不可靠的制度，容許沒耐性的人向未來透支消費。只是把一丁點享受提前到當下，換來的卻是糟糕透頂的成本、心煩意亂，並打亂你的生活。但由於其存在還是有賺頭（在 2015 年，這是 1.3 兆美元），龐大的金融業便競相產出、擴展和炒作這種債務。[10]

信用卡若不是你最可怕的噩夢，就是你＃**如同摯友的目標。**

信用卡的壞處

美國有四大信用公司，分別是威士（Visa）、萬事達卡（Mastercard）、發現（Discover）和美國運通（American Express）。你是否曾停下來思考，並且不禁想說，這些公司藉由美國的消費者變得多有錢？這些公司全都拚出一片天，是有理由的。

以下就是信用卡從你身上賺錢的方法：你去一家店看到 250 美元的時髦軍大衣，你非買不可。但此時你的內心卻小聲叫了出來，因為你的帳戶裡只有 11.85 美元。然後你想起你有信用卡，這意味著就算你沒有 250 美元，你還是能現在就把它買下來。於是你買了。然後你每個月都付了 15 美元的最低應繳款，直到全部還清為止。啊，信用真美妙，是吧？每個月付 15 美元不是比預付 250 美元要好多了嗎？

　　並沒有。做個假設，信用卡向你收的利息是頗為常見的 20%。把 20% 這個壞小子全數還清，要花上 19 個月，而且等一切告終時，你要繳將近 50 美元的利息，所以這件軍大衣的總成本是 295.37 美元。這樣，你還是對自己的決定感到滿意嗎？假如你回答「是」，那就去角落站著反省一下自己的行為。

　　以下就是信用卡公司吃定你的方式：它們知道人會想要立即滿足。普通的消費者不會去考慮使用信用卡的額外成本，假如當下想買東西，錢卻不夠，就會刷信用卡。人沒有耐性，就讓信用卡公司變有錢了。

　　信用卡債可以很快就失控到不可收拾，尤其當你的處境是「需要」消費，而不是「想要」消費。車子爆胎？要盡快修好。錢不夠的時候，對大部分的人來說，最容易的解決之道就是刷信用卡，它既簡單又能馬上發揮效果。這就是為什麼填滿一號桶如此重要，這樣你才能避免真的遇到這種狀況！

　　接著配合我一下。要是你一週刷信用卡花掉幾百美元，

並且只繳最低應繳款呢？會怎麼樣？你肯定不會三兩下就把卡費還掉。你的信用卡債會一直增加，而且，變得愈多，就要愈久才能還清，然後最低應繳款就會增加。歡迎來到不可收拾的末日。你有沒有看出來這為什麼會這麼可怕？因為這很常見！大家很容易就背上數千美元的卡債，甚至沒有察覺。假如你是不會自我控制的人，就幫自己一個忙，徹底遠離信用卡。如果在信用卡慫恿你說「好」時，你信不過自己會說「不」，那就遠離信用卡！因為它會在此時成為你最糟的噩夢。

信用卡的好處

反過來說，假如使用得當，信用卡可以是不錯的工具。它大部分都會依照所花的金額來給予優惠和獎勵，要善用這點。我近來所辦的信用卡，就給了很讚的旅遊獎勵。刷卡禮項目中載明，假如在頭三個月花費 3,000 美元，就會得到 50,000 點。我把我的月支出看了一遍，並研判我的帳單、餐費及加油費很容易在三個月內達到 3,000 美元，我就辦了。

這是我無論如何都會花的錢，所以不管是使用信用卡還是簽帳卡，對我來說都沒差。三個月之後，我得到 50,000 點，並轉換成 500 美元的信用額度。這 500 美元，全是因為我花了本來就該花的錢。

現在我和未婚夫有價值超過 2,000 美元的旅遊獎勵，全都來自申辦信用卡的紅利。我們之後的國際之旅，是記在美國運通的帳上。＃勝。

 ## 用卡策略

以下是第一個重點：我每個月、每次還款，都會全額繳清信用卡費。假如你全額繳清，就不會有利息。我再說一遍：假如你每個月都把信用卡費全額繳清，就絕不會繳到一毛錢的利息。遵照全額繳清的策略，把它當作簽帳卡使用。

第二個重點：我從不用信用卡去買我當下沒辦法負擔的東西，千萬不要仰賴未來的收入。用信用卡去買 500 美元的機票看起來是個好主意，這時即使你的銀行帳戶裡只有 300

美元，但你「知道」自己過兩週就會有錢了，所以刷了卡，但你實際上並沒有錢。要是你在這兩週內被開除了呢？要是你有急用呢？把信用卡當成簽帳卡，就沒事了。再說一次：只在你有足夠現金時，才用卡來買東西。

 ## 林林總總的紅利

有些信用卡會給現金回饋獎勵，意味著你可以憑點數來兌換明細上的紅利。有些會給旅遊紅利點數，你可以憑點數兌換機票或飯店住宿。（想知道我是怎麼用不到 200 美元的價格買到飛往希臘的機票嗎？你猜對了：旅遊紅利信用卡。）有些信用卡會給數百家商店的禮品卡。我是用 NerdWallet.com 網站來查找和比較信用卡，你可以依照信用評分、紅利類型、費用和更多選項來篩選。

信用卡公司常會舉辦限時優惠項目。就如同前述的例子，很多公司會用前期紅利點數來引誘你，讓你花到某個金額。要當心的是：只要你不是為了刻意滿足紅利的資格，那

麼賺得這些紅利點數是很棒的。你最不應該做的事就是,為了賺 400 美元的紅利而狂撒 700 美元購物。想查詢最切合的現有促銷資訊,就上 Google 搜尋「〔年度〕最佳信用卡紅利」。

做好功課

在考慮信用卡時,務必要看過費用細節的小字。年費、國外交易費和餘額轉帳費是很常見的。我從不把循環利率納入考量,因為我每月都是全額繳清,你也要這樣做。任何申辦紅利的小字都要讀到,你才會知道合乎資格的規定是什麼。

對於信用卡,我最後要說的是:要謹慎和自律。不是所有人都適合辦信用卡,假如你信不過自己只會量入為出地花錢,那就暫且保持距離。你沒有道理要冒險去背信用卡債,它是最糟的債務類型,因為利率奇高。不要自投羅網。

08. 債務──抵押貸款、分期付款、房屋貸款

　　長話短說：債務的其他類型包括了房屋淨值貸款、個人貸款、商業貸款、發薪日貸款（payday loan），以及最常見的抵押貸款。利率和還款期限長度對抵押貸款的總成本衝擊最大。

 抵押貸款

　　房屋抵押貸款的法律協議，讓銀行或放款業者持有房子的部分所有權，直到你把附息的債務還清為止。在還清所有抵押貸款之前，你仍然沒有完全擁有你的房子。假如你停止繳交抵押貸款，銀行或放款業者就能把物業加以扣押，並從

你手上拿走。所以⋯⋯要小心。

　　抵押貸款形形色色。有些利率固定，意味著利率隨時保持相同；有些利率可以調整，意味著利率可能會波動（而且通常是變糟）。有些是由政府承保，像是 FHA、VA 或 USDA 的貸款（分別是聯邦住宅管理局、退伍軍人事務部和美國農業部），有些則屬非政府貸款。抵押貸款也可以有相異的還款期間，最常見的是十五年期或三十年期。

抵押貸款的面向

　　抵押貸款的總支出包含兩個元素：本金和利息。當你申辦 20 萬美元的貸款時，你並非只要花 20 萬美元，這只是本金的金額。要加上利息成本，才是總共要付款的數字。

　　在抵押貸款的效期當中，對你影響最大的面向是利率和還款期限長度。我們來看看這兩個面向如何對總付款數字造成影響。

　　首先是利率。假設你和閨密同時買了一模一樣的房子，你們各辦了 20 萬美元的抵押貸款，期限是 30 年。你的固定

利率是 3.5%，閨密是 4.5%。經過 30 年，你猜猜看閨密要多繳的利息是多少？

以 3.5% 來說，在抵押貸款的效期當中，你要繳的總金額約為 323,000 美元，閨密則是 365,000 美元。嚇死人了。同樣的房子，閨密卻要比你多繳 42,000 美元！這不是很扯嗎？在這樣的情境下，利率差 1% 就要多付出 4 萬多美元。

現在來看還款期限長度。在另一個情境下，你們各辦了 20 萬美元的抵押貸款，而且利率都固定是 4.5%。不過，你的貸款是 15 年，閨密的貸款是 30 年。現在你認為會差多少？

差距更誇張了。你要繳的總數約為 275,000 美元，相較之下，閨密則是 365,000 美元。所以在此案例中，額外的這 15 年，讓你的朋友多付了 90,000 美元的利息。（你到底是哪種朋友，竟然讓她這麼做？）

並非人人都扛得起 15 年的抵押貸款，因為單期繳款數字會比較高。例如以 120,000 美元、30 年的抵押貸款來說，當利率是 5%，每期要繳的抵押貸款就是 644 美元。期限長

度為 15 年的相同抵押貸款，要繳的則是 949 美元。

　　假如你每期能負擔的繳款數字較高，我奉勸你考慮期限較短的抵押貸款。因為等一切告終時，你不僅可以少繳一些利息，房屋的淨值建立起來也會快得多。假如你負擔不起較高的繳款額，我會推薦去找較低價位的房子，以符合你所能負擔的 15 年抵押貸款期限。現在買小一點的房子，而且比較快還清，將來要買比較大的房子就會比較容易。你值得期限長度較短的貸款。

　　期限長度較短的貸款不但會為你省下一大堆錢，而且 15 年貸款的利率，一般都比 30 年貸款的利率要低得多，15 年貸款的利率可以低到一、兩個百分點的程度。現在我們所談的，就是總付款數字的驚人差異。

　　為了讓你對兩種期限長度的巨大差異有個初步了解，我們來想像這個情境。你正準備在納許維爾買下一棟 367,000 美元的房子，無論期限長度為何，你都預定付 20％的頭期款或 73,400 美元，這樣剩下的抵押貸款是 293,600 美元。30 年抵押貸款的利率會是 5.5％，15 年抵押貸款則是

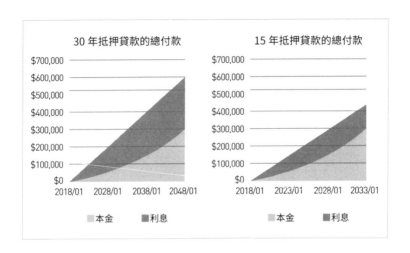

4.4%。看看上方的圖，以便了解你在 30 年抵押貸款以及 15 年抵押貸款效期之間所要繳的總金額。

　　你可以發現，在 30 年抵押貸款的效期當中，利息約為 307,000 美元，本金約為 294,000 美元，總共大概是 600,000 美元。再把頭期款加上去，你為一棟 367,000 美元的房子，繳了 673,000 美元。

　　在 15 年抵押貸款的情境下，要繳的利息約為 108,000 美元，本金約為 294,000 美元，總共大概是 402,000 美元。連同頭期款，總計為 475,000 美元。15 年抵押貸款為你省

下了近 200,000 美元！

　　如果無法負擔 15 年抵押貸款，又想要精明理財，而且你的貸款不會有提前繳款的罰款，那你可以隨時增加 30 年貸款的月繳款，但請切記：你需要先確保抵押貸款沒有提早還款的罰款。大部分的抵押貸款都沒有提前還款的罰款，但你不能假定就是這樣。

　　如果沒有提前還款的罰款，那在每月最低應繳款之上，你就能依想要的多繳。每個月都多繳一點，就可以提早幾個月或幾年還清房貸，而為你省下成千上萬的利息。所以，基本上你可以辦 30 年抵押貸款，並在 20 年內還清。我推薦這樣的策略，因為它會帶給你最大的彈性。

　　順帶一提，這些情境假定的是，你在抵押貸款的整個期間內都會入住或留下房子，這段時間可能是 15 年或 30 年，端看貸款的期限長度。大部分的人不會在第一、甚或是第二間房子裡住這麼久。我稍後會再談論這種情況。

　　還有好幾百種因素會影響到抵押貸款，但利率和還款期限長度這兩個面向，往往會對總花費造成最大的差別。拿這

些面向去找放款業者洽談，請他為你試算出多種情境，使你能為自己的情況申辦到理想的抵押貸款。

 分期貸款

從來沒有人會說：「分期貸款是好玩的話題。」我非常認同，所以我會速戰速決。

「分期」是貸款還款時程的花俏用詞，分期貸款牽涉到包含本金和利息在內的固定繳款。你是否曾經想過，抵押貸款的繳款是怎麼算出來的？今天可是你的幸運日，朋友。

抵押貸款繳款等於一大堆見鬼的利息，加上少得可憐的本金（至少在一開始是這樣）。

由於分期貸款的運作方式，前幾筆繳款基本上都是以99％的利息和1％的本金來計算，意味著在繳交本金的金額上，你在前幾年的進度會接近於零。既然這麼多的繳款都流向了利息，起初便很難建立淨值額。試想下列情境：

　　你買了夢想中的房子，那裡有遼闊的牧場，在晴朗的西岸，占地十英畝，而且由於我們現在是活在幻想的世界裡，所以你只需要辦 100,000 美元的貸款。我們假定利率固定在 6%，抵押貸款的期限是 30 年。運用花俏的分期計算，以 30 年來說，你每個月的月繳款會是 599.55 美元。首筆繳款是涵蓋流向利息的 500 美元和流向本金的 99.55 美元。記住，利息支出是直接繳給放款業者；他們就是以此來賺錢。你所繳的本金會減少貸款的餘額。

　　換句話說，在 600 美元的繳款中，只有 100 美元是實際在繳交 100,000 美元的貸款。有點像是每前進七步就後退六步。

　　來到第六個月，繳款將涵蓋流向利息的 497.49 美元和流向本金的 102.06 美元。你看到發生什麼事了嗎？各月 599.55 美元的總金額保持相同，但這筆金額的大部分繳款，一開始是流向利息或放款業者。隨著時間推移，流向本金的比重會逐漸增加。六個月後，你總共繳了 2,992.48 美元，但 100,000 美元的貸款只減少了 604.82 美元。很誇張，對吧？

新聞快報：人生就是如此不公平。順帶一提，這樣的分期資產負債表適用於每筆抵押貸款。無可奈何，還款就是上大號。

 五年守則

不想後悔買房嗎？那麼，除非你要住在你買下的房子至少五年，否則就不要買房子。由於分期的緣故，你在頭幾年不會還掉多少本金餘額。當你把房子賣掉了，加上房仲的佣金和手續費後，你或許可以打平，但甚至可能會賠錢。

回到 100,000 美元的小小夢想之家的情境：五年後，你總共繳了約 36,000 美元，但本金的貸款金額卻只減少了約 7,000 美元！這真是……不好說。

你當然希望買房子、繳貸款，而且希望出手賣掉時，至少把所繳的金額拿回來，對吧？要不然租屋就好了，不是嗎？我試著要告訴你的就是這點：擁有房子不到五年，並不會為自己帶來勝利。五年後，在上述例子中，你的額外淨值

額只有 7,000 美元。以賣掉 100,000 美元的房子來說，手續費一般會在 6,000 到 8,000 美元，而最好的個案情境是：打平。

唯一對你有幫助的事，是房屋價值增加的可能性，但這從來都無法確定。為了真正了解投資，你需要把每件事都納入考量，除了房仲的佣金和房屋價值上漲，還有擁有房屋的其他成本，像是維護和修理。無論如何，除非你打算至少把它留個幾年，否則就不要買房子。不然你就會冒著打平甚至賠錢的風險，而糟蹋了你的辛苦錢。

「假如我沒有準備要住在這間房子好幾年，但是想砸下重金來整修，以便增加它的價值呢？這是好投資嗎？」

很多人會買小型的首購宅來當成第一間房，並計畫等成家時就升級到較大的房子。當這種情境牽涉到以整修來增加房屋的價值時，它可以是值得的投資，但並非總是如此。假如我知道自己只會在某地住一兩年，我會去租房子。假如你不會長時間住在相同的地方，但想要買房子，你可以做一件事來確保最後不會賠錢：在價格較低的買方市場上買進，再

投入時間和金錢來整修房子,以增加它的價值,並且出租房間來抵消一些成本,以及申辦 15 年抵押貸款而非 30 年抵押貸款,以便能較快建立淨值。

買房沒有非黑即白的道理,因為每個人的處境都不同。假如你買的複式房屋❽需要砸下重金,還要加上體貼、愛心與照料,那麼可以一間自住、另一間出租,並親力親為來整修,它就比較可能是有賺頭的決定。另一方面,假如你是在房地產市場高峰期,買入賣相已很好的豪宅,並試著過一兩年就賣掉,最後或許就會虧損。

「慢著,瑞秋,買房子不需要付頭期款嗎?我到底該怎麼存到 30,000 美元?!」

朋友,你說得對。房子的標準頭期款規定是 20%,買 150,000 美元的房子意味著你需要 30,000 美元,而且這不包括過戶成本。所以假如你沒有豐厚的儲蓄,我會建議你先開始存錢,再考慮買房子。

---

❽ 編注:美國的複式房屋(duplex)一般指兩個家庭合有的一棟房屋。

20％的頭期款規定有個可以巧妙跨越的門檻，諸如美國退伍軍人貸款。我的未婚夫是退伍海軍，因此合乎無息頭期款的資格，真是老天保佑。即使不合乎退伍軍人貸款，或是其他政府補助貸款或協助形式的資格，靠著私人抵押貸款保險（Private Mortgage Insurance）這種方便的小型商品，你或許也能取得頭期款只要 15％的正規貸款。

私人抵押貸款保險是一層額外的保險，假如屋主所交的頭期款不到 20％，就必須投保。放款業者會要求有私人抵押貸款保險，是因為當你擁有的房屋沒有足夠的淨值時，他們就要承擔較多的風險。私人抵押貸款保險，是放款業者針對扣押來進一步為自己投保的方式。

通常當房屋累計了 20％的淨值，就不需私人抵押貸款保險了。但在此之前，抵押貸款的繳款，會因為私人抵押貸款保險所增添的成本而稍微多一點。如果你不是很想等到有足夠的頭期款再買房，那麼它在利率上升的環境中是個很棒的選項。

假如我在理財界有學到什麼，那就是處處都有漏洞。你

只要去找就對了。

房屋淨值貸款

　　房屋淨值貸款，有時也稱為「二順位抵押貸款」（second mortgage，也可譯為二胎房貸），是以房地產來擔保的貸款。它有兩類方式，而要合乎其中一類的資格，你就必須擁有自身房屋的淨值。例如，假設你近來用聯邦住宅管理局的貸款買了房屋，而且繳的頭期款只有 3.5％，這就意味著你在房屋的價值上還欠 96.5％。在這種情境下，你只有 3.5％的淨值，放款業者就不會給你房屋淨值抵押貸款，因為你無法從物業中提交出明顯比重來當成抵押品。不過，用 20％的房價付出頭期款，並在那裡住了 10 年的人，擁有房屋的淨值或許會比較接近 30 到 40％。此人就會符合房屋淨值貸款的資格。

　　第一類是實際的房屋淨值貸款，是在一定時限內還清的一次性總額。你以固定的利率繳固定的月繳款，直到還清

為止，確實就像是抵押貸款，因此才稱為「二順位抵押貸款」。

第二類是房屋淨值信用貸款（Home Equity Line of Credit，簡稱 HELOC），此類運作起來比較像是信用卡，信用額度為循環式。你可以借到某個金額，隨著你把本金還清，所「騰出」的信用額度較多，你就能再次加以運用。例如，假設你有 10,000 美元的房屋淨值信用貸款額度，並為寵物樹懶花了 2,000 美元，你就剩下 8,000 美元可用。假如你後來繳回了 2,000 美元，你就會再次有整整 10,000 美元的信用可動支。

所以它在功能上就像是信用卡，這帶給你的彈性會比固定利率的房屋淨值貸款要大。

第一類是固定利率的房屋淨值貸款，常被當成支付鉅額信用卡債的策略來運用，因為房屋淨值貸款的利率幾乎總是比信用卡的 20 ～ 25％要低。

假如你擁有較高的房屋淨值，又背了數萬美元的信用卡債，你或許可考慮這套策略，因為利率較低的緣故，它可以

幫你省下一大堆錢。

其他各類貸款

我們談過了四類最常見的債務：學債、信用卡債、抵押貸款和房屋淨值抵押貸款。以下簡短羅列其他幾類債務：

個人貸款。這些沒有指定的目的，意味著你可以用於任何事。就像是房屋淨值貸款，有些人會辦利率較低的個人貸款來還清信用卡債。

小事業貸款。小事業貸款是撥給企業主的貸款類型，以幫助其創立或擴展事業。

發薪日貸款。這種債務的糟糕程度僅次於信用卡債，因為它是短期、高利率的貸款，是為了銜接從某次發薪到下次發薪之間的空檔所設計。月光族會使用此項來達到收支平衡。幫自己一個忙，假裝你根本不知道這種貸款的存在，如果想要遵照本書

的指導方針，你就千萬不該使用這項。

你也可以向退休帳戶或壽險借錢。不過我的建議是：別借。

只有當你是出於教育目的時，才能考慮上面那行字。記住，我們的目標是要靠還清債務來減少負債，而不是投向新的債務類型。

第 **4** 篇

投資

09. 對股票和債券打聲招呼

長話短說：股票優於債券。

天哪、天哪、天哪！我沒有辦法冷靜看待股市投資。依我之見，它是歷來最好玩的。順帶一提，大部分的人想尋求的理財建議，大多數跟投資股市有關。問題幾乎總是集中於：「我要投資什麼？」把安全帶繫好，因為我有很多資訊要跟你分享。

 ## 股票與債券的定義

首先，股市究竟是什麼？想一想，你會怎麼定義一般的戶外跳蚤市場：「眾人可以買賣貨品的地方」。股市就是這

樣，但買賣的是股票和債券，而不是貨品。股票和債券的買賣，就被稱為交易。

你或許聽過道瓊（Dow）、那斯達克（Nasdaq）或標普 500（S&P 500）。這三位帥哥全都是市場指數，也就是整個股市的基準。道瓊是由 30 檔股票組成，那斯達克是 100 檔，標普 500 是 500 檔。由於道瓊是整體股市表現的指標，所以大家對道瓊來到歷史高點會興奮不已。

股票是公司的所有權的單位。買入 Michael Kors 的股票意味著，你擁有一部分非常微小的 Michael Kors。當你擁有股票時，你就是股東。假如 Michael Kors 某年表現不錯，獲利走高，你就可以「共享」這些獲利，這代表你買入的股票的價值也會增加。

投資股票時，目標是買進、持有一陣子，並讓它上漲，然後賣出，進而獲利。

另一方面，**債券**就是以你為貸方的借據。當你向公司購買債券時，你就是把錢借給該公司一段時間。公司所回報的，則是在債券的效期當中付息給你。然後等債券到期或到

終止日期時，公司便把你的初始金額返還給你。所以，購買債券一般是靠利息來賺錢。

你也可以靠交易債券來賺錢，亦即在債券到期前加以賣出或買進。債券價格跟利率有關，假如利率走高，債券價格就走低。如果你在到期日前賣出債券，以低於所付的價格賣出時，就有可能會賠錢。反過來說，你也可能有潛力以這種方式賺到錢，一切就看當前的利率環境。

還跟得上嗎？很好。接著來討論股票和債券的利弊，因為它們各有不同的風險度，而且當金融市場改變時，表現也會不同。

股票的優點

平均來說，股票通常都比債券要強。股票的報酬較高，而且，上漲的股票能賺到多少錢，潛力是無限的。在技術上來說，它可以永遠走高、走高、走高。

當你投資股票，你就成了公司的部分擁有者。如果公司有分配股息，你就有權賺進。股息則是公司固定配發給股東

的利潤。

身為股東，你或許有投票權，這意味著對於誰會進入董事會以及其他的公司事務，你可以有發言權。很酷，對吧？

持有股票讓你獲得有限責任，這代表你頂多只會賠掉當初購買股票的金額。優點是潛在虧損有限，而潛在獲利是無限的。

股票的缺點

股票的波動往往比債券大，它的價格起伏較明顯。你購買的股票某天或許值 100 美元，隔天是 95 美元，再隔天是 115 美元。波動愈大，意味著風險愈大。

股票沒有保證報酬，而且假如公司破產，就會賠掉你所投資的金額。

債券的優點

債券的波動不如股票來得大，意味著它的價格起伏較不明顯。

大家廣泛使用債券來穩定收益，債券投資人會享有一個已知、可靠和固定的收益給付結構。債券常用來為投資人的投資組合抵擋虧損。

債券的缺點

債券的殖利率比股票低。

假如公司破產，就會賠掉你所投資的金額。

股票 vs. 債券

你認為哪個是比較好的投資？對我來說，勝出的會是股票，因為我還年輕，要過幾十年才會退休。我想要可能的最大報酬率，也承受得起短期賠錢，並知道長期下來我會享有高出許多的報酬。撰寫本文之際，大部分的債券所賺得的利息都不到 5%，絕大多數的債券所賺得的則在 1 ～ 2%之譜。所以當我能把錢擺在安穩的儲蓄帳戶裡，並賺得相同的利息時，我為什麼要投資有賠錢隱憂的債券？

快速談一下風險和報償的關係：風險愈高，報償愈高；風險愈低，報償愈低。購買股票的風險比債券高，但是所產出的報酬也較高。在走上投資的紅毯時，請切記這條基本原則。

　　假如你即將退休，我不會建議你把雞蛋全放在股票上。因為要是你的投資組合在退休前夕走低，它沒辦法多等上幾年直到回頭走高為止。在計畫退休前的五年，擁有完全由股票組成的投資組合，可能會在最糟的時候，導致自己虧損。將屆退休時，你會想要投資較安穩、不會波動的東西，以避開可能有害的風險。時間並不站在你這邊，假如在退休前夕受創，你可能無法等到投資組合的價值回頭走高。

　　不過，對於絕大多數的千禧世代讀者來說，時間是站在你這邊的，而且股票產出的報酬高於比較安穩的對應項目。股票比債券要好。

10. 共同基金、指數基金，哪個是你的新摯友？

長話短說：共同基金是由專業人員選出多檔股票的池子，指數基金是自動追蹤市場指數多檔股票的池子。指數基金＞共同基金＞個股。

我要讓各位耳目一新，介紹比股票更好的東西。假如說，股票是《歌舞青春》（*High School Musical*）裡的青少年柴克．艾弗隆（Zac Efron），那共同基金就是《舞出真我》（*Step Up*）裡害羞卻炙手可熱的查寧．塔圖（Channing Tatum），指數基金則是《手札情緣》（*The Notebook*）裡夢幻的雷恩．葛斯林（Ryan Gosling）。

首先，來向共同基金說聲嗨。共同基金妙不可言，因為一次投資就能買一大堆不同的股票或債券。

想像一下，有一個大籃子裡全是你最愛的東西：Nike 的運動內衣、Burberry 的香水、星巴克的星冰樂、露露檸檬（Lululemon）的緊身褲、MAC 的眼線筆、佳潔士（Crest）的美白牙貼、蘋果的 MacBook、BMW 的汽車和 OPI 的指甲油。

現在，假裝你和其他一票人同時擁有這些玩意兒。然後，假裝你有專業的籃子管理人，來負責挑選最好的物品放進籃子裡。你和其他擁有者付錢給籃子管理人來監控物品，並決定什麼要進、什麼要出。

接著想像一下，籃子裡有一些贏家和一些輸家。BMW
的價值走高，但 Burberry 走低。不過總體來說，籃子裡的
物品價值還是上漲的。

各位女士先生，這就是共同基金的前提。籃子是共同基
金，物品是構成共同基金的股票。籃子的擁有者是投資人，
也就是你和任何擁有籃子的其他人。籃子的管理人則是共同
基金的經理人。

你應該可以理解，擁有共同基金最大的好處之一就是分散風險，這代表你的錢是投資於一大堆不同的公司。擁有單一股票的風險在於，如果公司倒閉，你就會賠上所有的錢。因為公司倒閉而賠錢的狀況，不太可能發生在金字招牌的大型公司，但以前還是發生過這種事。還記得 2008 年的雷曼兄弟（Lehman Brothers）嗎？可別當那些傢伙。

不過，假如你經由共同基金來擁有一系列的股票，那即使一家公司市值虧損，其他的股票也會把虧損平衡過來。因此，一檔表現遜色的股票，並不會這麼有害。換句話說，你擁有的股票愈多，任一檔股票能傷到你的程度就愈低。這樣我能得到你們的歡呼了嗎？

「瑞秋，重點在哪？」很高興你問了。既然是專業經理人在操作共同基金，身為投資人的你就必須付種種的附加費。這些附加費是以「支出比」為形式，其實就是手續費的花俏用詞。支出是以百分比來表示，諸如 0.2％、1.5％或 0.9％。例如，你投資 10,000 美元到共同基金，支出比是 2.0％，那你就要付 10,000 美元再乘以 0.02，等於 200 美元的年費。

　　支出比乘以基金的總資產，就是付給經理人和研究團隊的金額，這涵蓋了管理費和其他營運成本——操作共同基金可是很費工夫的。總之，擁有共同基金會產生較高的相關成本，較高的成本會從你的總體報酬中扣除。這並不酷。

 ## 主動管理 vs. 被動管理

　　此處要談論一項關於共同基金的重要議題，我對於這個議題有非常強烈的感受。是這樣的，很多人喜愛主動管理共同基金的觀念，並樂於奉送額外的小錢，好讓專業的財務經理人為他們決定事情。畢竟對於要挑哪些股票，全職從事這行多年的人所懂的，八成比普通的投資人要多一大票，對吧？畢竟⋯⋯那就是他們的工作。

　　別這麼快下結論。林林總總的研究證明，共同基金的平均表現並沒有明顯打敗總體股市。「打敗市場」通常意味著，所賺得的投資報酬高於美國股市的基準之一：標普 500 指數。我要重申：研究顯示，主動式共同基金的供應者，其

表現不僅僅劣於市場，而且完全是零。[11] #開砲了。你可以自己上 Google 看看。所以，假如聰明到不行、全職的專業人員都打敗不了市場，那你到底為什麼要付錢給他們？假如你知道靠自己健身就能達到同樣結果，你就不會付錢給個人教練了。

我的意思並非是說共同基金表現不好。有些共同基金的表現優於總體股市好幾年，但是，沒有一家從始至終都這麼好。基於這個理由，我堅決反對共同基金，普遍來說，也反對主動管理。

團隊指數基金（Team Index Funds）

假如雷恩・葛斯林對你說：「嘿，我喜歡你去投資指數基金。」那就是聖旨。但既然他現在不在這裡（真是不幸），我就來試著重現相同的效果。

你要搞懂的是：指數基金類似於共同基金，但少了聘請專業經理人的附加開銷。指數基金擁有數百檔股票，但

是，是採相應於市場指數的成分來設定投資組合，諸如標普500。既然是設定成自動追蹤已經存在的東西，就不必主動管理；它是被動管理。基本上，指數基金就是投資清單。

好處在於，你不需要全職的專業人員來研究和決策，因此，自動設定所省下的成本會反映在手續費較低的基金上，並轉移給股東。例如共同基金的支出比為 1.2％時，指數基金的支出比可能為 0.2％。嘿，我剛剛憑著這個小訣竅，為你賺到多 1％的報酬。擊掌慶祝！

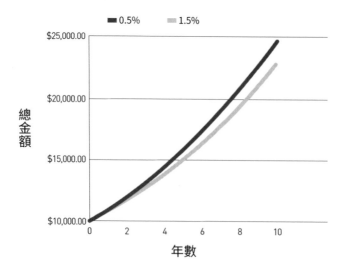

你或許認為，支出比省一個百分點對報酬不會有那麼大的差別。容我來證明你錯了。在上頁圖中，你會看到在十年的歷程裡，10,000 美元的投資在兩種不同的支出比下會如何演變，此處假定每年的利率是 10％。

支出比為 0.5％的基金，在十年後會讓你得到 24,758 美元；支出比為 1.5％的基金，在十年後會讓你得到 22,791 美元。兩者相差近 2,000 美元。假如你是那種喜歡從銀行提領 2,000 美元的現金，然後立刻遭搶的人，那就請投資支出比較高的共同基金。要是你不想領完錢就被搶，那麼請投資指數基金。

股市的報酬無可預測，支出比則不然，所以要盡其所能把這個壞小子降到接近於零，再來享受勞心勞力的甜美成果。

 ## 為什麼要珍惜指數股票型基金

如同指數基金是共同基金的子集，指數股票型基金

（ETF）則是指數基金的子集。指數股票型基金如今是很酷的事，我推薦這些甚於常規的指數基金。它們是被動管理，就像指數基金，交易起來通常更方便，而且成本常比指數基金還要低，某些支出比甚至低到 0.03％。

11. 投資的四條黃金守則

　　長話短說：在市場逢高賣出，在市場逢低買入。只做長期投資。不要對投資盯盤。

　　投資股市不必變得太複雜。大部分的人害怕股市是因為不了解，但假如真的了解，又會陷入決策癱瘓，因為要挑選的股票和債券有成千上百萬檔。這跟你去超商買飲料是相同的感覺，因為選項太多，光是選出哪一瓶就要花不少時間。我在此就是要讓你的生活輕鬆一點，並給你一些可遵循的守則，有助於消除對投資的恐懼和焦慮。這會是本書中最容易的部分，不客氣。

一號守則

　　不要在市場下跌當下賣出，長期來看，股市趨勢只會往上。股市的確有過下跌的時候，甚至為期多年。想想你經歷過的所有衰退，舉幾次來說，2000 年的網路泡沫和 2008 年的房市危機。衰退每 10 到 15 年就來襲一次，就像設定了定時器一樣。所以，在股市下跌時，第一條經驗法則就是不要慌。留意我說的，是「在」，而不是「假如」。這是因為市場下跌就是會發生，而要是它一定會發生，你最不該做的就是發狂把股票全部賣掉。身為投資人，最糟糕的事，就是在不景氣期間賣股票。

　　下頁圖是道瓊從 1900 到 2017 年的花俏圖表，證明趨勢是不斷向上的。[12]

　　還記得電影《侏羅紀公園》的那段劇情嗎？他們把葉子全部撥開，而暴龍就站在那裡看著他們，主角說：「千、萬、別、動。」然後每個人馬上就跑掉了。因為他們全都白癡透頂？對，不要當跑掉的白癡。**#請記住你要做的工作就**

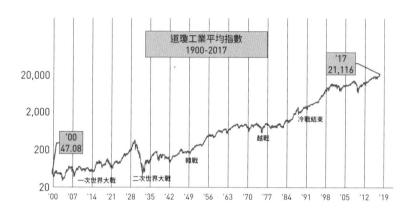

只有這件事。

　　為什麼在不景氣期間賣出股票會如此糟糕？因為你的股票一旦已經下跌，賣出就是穩賠。從來沒有人會說：「嘿，我想要花 20,000 美元買全新的車，然後過一個月，等它價值大減時，我再用 17,000 美元把它賣掉。」那你為什麼要對股票做相同的事？

　　我來告訴你，為什麼大部分的人會這麼做：單純的恐慌。他們受到其他人的情緒感染，當市場崩盤時，他們就去做其他人都在做的事：賣出。他們認為賣出就是防止更多虧損，你一定也會被感染到這種歇斯底里。

記住，當你擁有股票時，只會有理論上的損益。在賣出之前，你不會有實際上的虧損。假如你不希望它變成實際上的虧損，就繼續持有它，直到股市回頭走高為止。拜託了，我求你，不要在市場下跌時賣出！守則是買低賣高。假如在市場下跌時賣出，你就是反其道而行。

二號守則

那麼，不該在市場的什麼情況時買進呢？你猜對了！不要在市場上漲時買進。

你寧可在五月時為新的泳衣付全額，還是等九月大特賣時再去買？你寧可為冬季大衣付全額，還是等到春季特賣時？我個人一直都是避免付全額買下任何東西，我只在特價時去買。你也可以在特價時入手股票，那要怎麼做呢？只要在市場下跌時買進即可。股價會下跌，你便可以用「折扣價」入手。在市場崩盤中或崩盤後買進，在市場飆升時賣出。買低賣高，這是投資的根本守則。

　　問題是當市場熱絡時，你會感染到其他人的狂熱。錯失恐懼症不容小覷。當你投資是以此為憑時，它會導致巨大的後果。那最容易的成功方法是什麼呢？就是跟其他人所做的事相反。家人和朋友是不是因為市場走低而恐慌，並把投資組合賣出？讚啦！股市在舉行清倉特賣時，就是你買進的機會。同事和鄰居是不是在吹噓投資組合來到史上最高點？這就在暗示，賣出而非買進的時候到了；你不想要付全額，不是嗎？

　　試著要有這樣的反應：

　　（當股市下跌）

　　「喔耶，大特賣！大家都來吧！」

　　嚴正警告：要是你準備開始投資，但市場行情真的很好呢？當你能買到低點時，你會繼續等待下滑或衰退嗎？這麼說吧：從來沒有完美的時機，請不要等十年才開始投資。現在開始，好過從不去做或慢點才做。千萬不要試著去預測市場的時間，假如你能避免在高峰期間買進，那就避免這麼做。一般來說，你要走的路就是即使市場在漲，也要一貫對

市場投資。假如你準備好要投資，就不要因為還沒遇到股市衰退而延遲投資。

　　要盡其所能去買低賣高。說的比做的容易，你前面已經得到示警了。假如你遵照前兩條守則，那麼即使投資爛基金，八成還是會勝過大部分的人，切記這點。以下再來多列舉幾項指導方針。

 ## 三號守則

　　三號守則是，要持有你的投資組合至少一年，理想上則要更久，像是五年、十年或二十年。還是那句老話，長期來看股市趨勢總是往上，但看短期則是波動的。你持有投資組合愈久，就愈可能會在投資上獲得勝利。

　　在此我要招認：我在 18 歲時開始投資股票，但從沒賣過任何一股。你猜現在怎麼了？我的投資組合大為成長。假如逐年或逐月來看我的報酬，你會看到很大的波動，虧損也很多，但虧損讓我高興，因為我知道獲利要來了。時間一久，

我的投資組合便以一些顯著的成長獎勵了我的耐心、信任和冷靜的舉止。長期來看，你就是掌握一切的女王／國王。

　　要避免在一年內賣出的另一個理由，是短期資本利得稅。假如你把價值上漲的股票賣出，幾乎一定要繳稅。為了確保你繳的是最低稅額，要持有投資組合至少一年。我在第3章的儲蓄計畫便提過，針對一年內的花費（二號桶），要把儲蓄擺在高收益儲蓄帳戶裡，而不是股市。

　　短期資本利得是以固定的稅率來課稅。大部分的稅級都是以15到20％來對長期資本利得課稅，最低兩級則是零。所以，以下是另一種可預測的辦法來增加報酬：持有投資組合至少一年，以避免繳較高的稅。是的，我可是有林林總總的策略。

 四號守則

　　不要當控制狂。我可是歷來最嚴重的A型控制狂，所以要相信我的說法，相信我很了解掙扎這回事。假如你的計

畫是買進某檔股票，而且每一天都分析它的表現，那你就該
重新思考策略。我向你保證，天天查看股市，帶給你的只會
是嚴重的憂慮和後悔。猜猜我多常看我的投資組合？一年兩
次。我可是說真的，猜猜我們在過去九年當中所遇到每次的
小幅不景氣期間，是誰始終保持平靜？那就是我。「少即是
多」的說法在此完美適用。一旦決定好策略並買了股票，就
要順其自然。投資應該要少煩心，偶爾看一眼，但多半還是
把它忘了比較好。四號守則當屬最佳守則，因為假如你遵照
它，幾乎就會自動遵照一號到三號守則。完美。

｜市值｜

　　為了討論投資策略，你需要了解幾個基本用詞。首先是
「市場價格總值」（market capitalization），也就是「市值」
（market cap）。這是個好玩的用詞，用它打開話匣子，並
讓所有的朋友和家人驚豔。市值是一種可以快速算出股市交
易市場上公司價值的方式：把總股數乘上當前的股價，就是
市值的數字。你也可以藉由市值來估算公司的規模大小。

　　例如在寫本文之際，臉書是以每股 167.24 美元成交，

並有近 30 億股，此時它的市值將近 5,000 億美元！由於超過 100 億美元，臉書被歸類在「大型股」。中型股是落在 20 到 100 億美元，小型股則是不到 20 億美元。

由於大型股公司一般成立時間較久且規模龐大，所以會被視為成長潛力較小的股市；它比較安穩，波動也較少。想想你所認得且熟悉的那些公司：亞馬遜、Google、沃爾瑪（Walmart）、推特（Twitter）。它們全都是大型股。

隨著市值規模縮小，成長潛力和風險就會提高。風險愈高，報酬就愈高。在市值不到 5,000 萬美元的小型股中，最小的風險最高。想想只成立幾年的全新、新創公司，它們很可能就是小型股。

| 地理區 |

共同基金、指數基金和指數股票型基金，是持有一大堆個股的投資方式。其中許多投資限定在某個地區，你會有只涵蓋美國公司的國內基金，也會有全球和國際基金。這會讓人混淆，因為在一般的英文用語中，「全球」（global）和「國際」（international）兩字是可以通用的。不過在理財用

語中，這兩個詞是代表不同的東西。

全球基金涵蓋全世界的股票和債券，包括你所住的國家。要記住這點的簡單方法是，想像一下地球儀（globe），上面會把每一個國家都展示出來。

另一方面，國際基金則是投資你所住國家以外所有國家的股票和債券。

我們的詞彙課到此告一段落。繼續往下讀，學習要怎麼選擇投資。

12. 投資的藝術——
要投資什麼？

　　長話短說：我所偏好的策略，是拿帳戶的 25％去投資下列各項——國內小型股、國內中型股、國內大型股和國際股票。其中只投資支出比不到 0.2％的基金。

　　免責聲明：我不再是認證與註冊的投資顧問。各位依本書所做出的任何投資決定，都要自負風險，作者不予負責（後面一大串就不說了）。請閱讀本書末尾的完整免責聲明。

　　現在你知道了守則，也了解了基本用詞，我們就來談策略。這會是小菜一碟，你也可以拿小菜一碟來慶祝。

　　我們會依照市值規模和地理區來尋找一些指數基金和指

數股票型基金。我所使用，並且會對任何 35 歲以下的人推薦的比例是：

25％的國內小型股票（也就是美國小型公司的股票）

25％的國內中型股票

25％的國內大型股票

25％的全球或國際股票混搭（例如各種規模大小的國際公司的股票）

大功告成！就跟你說是小菜一碟了吧。

這是一種積極的投資組合。為什麼？因為它持有 100％的股票和 0％的債券。大部分的人會投資兩者，因為要分散風險的緣故，所以可能是 90％的股票和 10％的債券。然而，我認為債券是糟糕的投資，尤其是在當前利率上升的環境裡，所以我偏好重押股票。

由於這是非常積極的情境，所以我只會推薦給那些還需要 25 年以上才會退休的人當作投資選項。隨著年紀漸長，你會想把投資組合調整成比較不積極一點。股票會比債券積

極，小型股也比大型股積極。對那些 35 ～ 45 歲的人來說，下列的投資組合在你的時間軸和目標上，或許更行得通：

> 15%的國內小型股票
>
> 20%的國內中型股票
>
> 35%的國內大型股票
>
> 10%的國內債券
>
> 20%的全球或國際股票混搭

這樣的組合比較偏重大型股，而且也納入了債券，使投資組合比較不積極。

對於那些將屆退休，希望投資組合更加安穩的人來說，可以調整成持有較少的小型股、較多的大型股和較多的債券，或者開始拋售股票，並將基金以現金來持有。

請注意，我並沒有對國內 vs. 國際的組合做出太大的更動。我偏好把大部分的投資組合擺在國內投資上，因為我相信我們的國家。我對我們的國家、我們的股市和我們的法律也比較熟悉，而你要投資的就是自己懂的東西。我會持有一些全球股票，當成避險。由於我是年輕人，所以我的投資組

合跟第一種最積極的情境一模一樣。

「好，但我要怎麼找到好的國內小型股指數基金？瑞秋，幫幫忙！」

我們上 Google 研究一下，這樣我就能教你如何找到所要投資的基金。

你最終必須自行去研究，但我會給你一些指引。你現在跟 Google 應該是閨密了，超棒。以下是可以查詢的關鍵字：

「〔本年度〕十大國內小型指數基金」

「〔本年度〕十大國內中型指數基金」

「〔本年度〕十大國內大型指數基金」

「〔本年度〕十大國際指數基金」

我只是上 Google 搜尋第一句話，點擊第一篇文章，就發現了小型股指數基金 IJR，恰好是我史上最愛的基金。IJR 是股票代號，代表的是安碩核心標普小型股（iShares Core S&P Small-Cap）。

安碩有點像是指數股票型基金的品牌或家族。根據他

們的網站，安碩核心指數股票型基金（iShares Core ETF）是安碩所推出，一組低成本又能節稅的指數股票型基金。安碩核心指數股票型基金所推出的，是國際和美國的股票和債券，所以每樣都是一點點。安碩核心標普意味著，這款獨有的指數股票型基金是在追蹤標普 500 指數。而你已經知道小型股是什麼了，所以這一切意味著什麼？

白話文：IJR 是指數股票型基金，由國內小型股票所組成，它追蹤標普 500 指數。這就是你要知道的一切。

我們來檢視 IJR。你在查詢股票代號時，很容易就能獲知各種資訊。在安碩的網站上，你可以看到投資目標、綜述、特徵、費用、投資組合和更多。在安碩的網站上，最醒目的區塊之一，就是基金的績效。對於這個區塊，我為什麼鳥都不鳥？因為過去的績效不等於未來的績效。

過去的績效跟未來的績效毫不相干！

希望你想像一下，現在的我正在大喊！大部分的新手投資人全都像是：「喔，這檔基金過去表現怎麼樣？20％的報酬？！跟了，點下去。」別瞎忙。你能預測未來嗎？我也

不能。所以依照基金過去的績效，你怎麼知道這檔基金未來表現會如何？沒轍。

基於所有意圖和目的，我對績效再漠視不過了。假如你好奇的話，在寫本文之際，IJR 的一年報酬是 22.4％，高到離譜。我壓根兒不知道這點，而且我持有一大堆這玩意兒！（還記得我說過，我每年只看投資組合兩次嗎？我可沒在開玩笑。）

接下來是在安碩的網站上，有關 IJR 的關鍵資訊。網站上列出了基金的淨資產：近 300 億美元。IJR 是在紐約證券交易所（NYSE）進行交易，一如大部分的證券，並且是追蹤標普小型股 600（S&P SmallCap 600）。發行日期：2000年 5 月 22 日。

下個區塊，是前十大持股。在寫本文之際，IJR 持有的前三大股票來自安愯儀控公司（MKS Instruments, Inc.）、阿里特公司（Allete, Inc.）和斯拜爾公司（Spire, Inc.）。你還能依類股來看到基金的投資，IJR 持有很多工業、金融、非必需消費品（consumer discretionary），以及資訊科技

的股票。

　　資、訊、真、多。我會不會花時間全部讀過一次？會才有鬼，除非我需要在晚上讀乏味的東西來入睡。對我來說，攸關的資訊只有幾則：市值和支出比。我對投資組合的要求是，挑選某些市值和某些地理區，並把支出比壓在 0.2％以下。IJR 是國內小型股指數基金，而它的支出比是 0.07％。搞定！

　　「瑞秋，假如拿得到所有資訊、比率、度量和計算，而且別人都認真以對，那它怎麼可能不重要？」

　　我知道我嗅到了懷疑。我們回到主動與被動管理的辯論上，主動管理的擁護者堅決相信，值得付錢給專業人員來花時間研究、計算、推估和分析所有現成的資料。被動管理的擁護者則相信，這一切的工夫一點都不會使你比較厲害。沒有人能打敗股市，那幹嘛要試？挑選符合需求的基金，你就會表現得跟主動管理的老兄一樣好，或者更好。

　　我帶各位看過了強勢國內小型股基金的例子：IJR。現在就來向各位說明，我究竟是怎麼做的。

　　我上 Google 搜尋下一類的中型股。我打開第一篇文章，把前三大推薦寫下來：CIPMX、FLPSX，等等——這些不行！這兩檔都是共同基金。我看得出來是因為，文章談到基金經理人，而且支出比超過 1%。繼續 Google，以確保我們找到的是被動的指數基金，而不是主動的共同基金。

　　經過一些爬梳後，我看到幾檔不只受到一處推薦的指數基金：VMCIX、MDY、VO 和 IWR。然後我上 Google 個別搜尋各股票代號，以取得更多資訊。晨星（Morningstar）網站也是很棒的資源，可以取得股票的資訊。

　　VMCIX：美國中型股票基金，可。
　　　　　　支出比 0.07%，可。
　　MDY：　美國中型股票基金，可。
　　　　　　支出比 0.25%，太高，不可。
　　VO：　　美國中型股票基金，可。
　　　　　　支出比 0.08%，可。
　　IWR：　美國中型股票基金，可。
　　　　　　支出比 0.20%，還行。

我把它縮減到 VMCIX 和 VO，並看心情來深入挖掘或擲硬幣決定。

你或許有留意到，我選出的兩檔贏家是以字母 V 開頭的。這些都是先鋒（Vanguard）的基金，先鋒所推出的基金普遍都是低費用的公司。我的投資組合是大量投資先鋒和安碩的基金，而且先鋒幾乎每次都是以最低的支出比勝出。

遵照上述的相同流程，一些符合我要求的低費用、國內大型股指數基金是：

VV：　美國大型股票基金，可。
　　　支出比 0.08%，可。

SPY：美國大型股票基金，可。
　　　支出比 0.10%，可。

幾檔符合我要求的國際或全球指數基金是：

VWO：國際／全球股票，可。
　　　支出比 0.14%，可。

VEA：　國際／全球股票，可。

　　　　支出比 0.09%，可。

靠著這些資訊，會使我非常自豪的千禧世代投資組合是：

25% 的 IJR

25% 的 VO

25% 的 VV

25% 的 VEA

#把麥克風一甩。就是這麼容易。

 # 另類投資

股市並不是唯一能讓你賺得超殺報酬的途徑，你能拿現金來投資的其他機制包括：房地產、大宗商品、避險基金、衍生商品合約、加密貨幣和管理期貨。在你涉足過「常規」的投資前，我並不推薦試玩這些。在股市以外，我本身只有

跨入房地產投資界。

假如你熟悉房地產投資，或許可考慮探索這個選項。靠著炒賣房屋（flipping houses）或持有房子，你就能透過房地產來建立財富。炒賣房屋是指買房、加以整修並轉售獲利；持有房子則意味著買房並出租，以賺得被動收入。我個人喜歡為了賺取月現金流而持有出租物業的方式。

我提到的另一項另類投資是加密貨幣。很多人相信，加密貨幣是未來之路，投資於加密貨幣的金額達數十億美元。加密貨幣是為了安全所設計的數位貨幣，諸如比特幣（Bitcoin）和以太幣（Ethereum），科技人或許知道我在說什麼。投資加密貨幣是炒得很熱的新東西，而且一如任何的趨勢，你必須隨時警戒以對。

另類投資的風險比股市要高。一如所有的投資，在購買出租物業或加密貨幣前，要做好功課。這些另類投資的波動，遠比股票和債券要來得高，所以不要投資你承擔不了虧損的東西。

13. 如何讓首次交易駕輕就熟

長話短說：找折扣經紀商開戶，以節省手續費。在交易時，你會需要股票代號、下單量和下單類型。

在「我要投資什麼？」後，我最常聽到的問題就是：「好，可是我在實務上要怎麼買股票？」以下會說明設定帳戶和首次投資的過程。

 ## 折扣經紀商

投資股市最容易又便宜的方式，就是找折扣經紀商開戶。最難又貴的投資方式則是找理財顧問開戶，這是因為理

財顧問是你付錢給真人打點一切。這對我們不管用,因為第一,你很難找到喜歡又信任的理財顧問;第二,記得我之前說過壓低費用的重要性嗎?

基於以上理由,你要找折扣經紀商開戶。經紀商是替他人買賣貨品的人或機構。在這個案例中,他們的貨品是證券。當你在市場上交易時,折扣經紀商的收費會低得多,因為他們不提供投資建議。這樣很好,因為你買這本書就是要自己來,記得嗎?

舉例來說,折扣經紀商有史考特證券(Scottrade)、先鋒、德美利證券(TD Ameritrade)、嘉信理財(Charles Schwab),以及富達投信(Fidelity)等等。喔,順帶一提,這些全都是線上操作。我現在能得到歡呼聲了嗎?

記住我們的目標,是要在投資時盡可能付最低的費用。費用常是以「交易佣金」的名義來收取,是每當買賣證券時就要付的一筆獨立費用。以指數基金或指數股票型基金來說,一般的低成本交易佣金是每筆交易從 5 到 8 美元不等。有些經紀商有帳戶最低額和其他規則,所以務必要讀完條款

的所有小字。

　　富達和先鋒這兩家最受歡迎的折扣經紀商，都有推出幾檔不收買賣或交易佣金的基金。以富達來說，這些基金是安碩和富達指數股票型基金；先鋒的免佣金基金則是先鋒指數股票型基金。試想這個邏輯：假如你的目標是在費用上省下最多的錢，並決定投資先鋒指數股票型基金，那就該在先鋒開戶。我自己是用富達，因為我公司的 401(K) 退休金是擺在這裡，所以對我來說比較方便。很多折扣經紀商都有推出開戶的獎勵，所以務必加以利用他們推出的任何促銷活動。

開戶

　　假如你決定在先鋒開戶，恭喜！你正在首次投資的路上。開戶是很容易的，上 Vanguard.com，並點進散戶投資人（personal investors）的頁面，尋找開戶的選項。它會問你打算如何撥款給新帳戶：從銀行或其他的先鋒帳戶轉帳，或是從金融機構轉帳等等。回答這些選項並繼續，現在它會

Things you'll need

✅ Your bank account and routing numbers (to fund your new account).

✅ Your current employer's name and address (if applicable).

New account process

1 **Choose an account type**
Select an account type for your goals (retirement, general investing, education, etc.). You can open one account at a time.

2 **Complete an online application (5 - 10 min)**
We'll open your account and initiate a transfer from your bank (if applicable).

3 **Start investing (3 - 7 days)**
Once your account is funded, you can choose investments such as mutual funds, ETFs (exchange-traded funds), and individual stocks or bonds.

中譯（由左至右）：

- 你會需要的東西：你的銀行帳戶和路徑號碼（以便將資金匯入你的新帳戶）。現任雇主的姓名和地址（假如可適用）。
- 新開戶流程：❶選擇帳戶類型：為您的目標選擇一種帳戶類型（退休、一般投資、教育等）。您一次可以開設一種帳戶。❷完成線上申辦（5 至 10 分鐘）：我們將開啟您的帳戶，並從您的銀行啟動轉帳（假如可適用）。❸開始投資（3 至 7 天）：等帳戶一注資，您就能選擇投資共同基金、指數股票型基金、個別股票或債券。

要你在 Vanguard.com 上註冊。假如你已經有帳戶，那就登入，沒有的話就註冊。

關於要如何開戶，先鋒提供了有助益的小摘要。上圖即

是擷圖自他們的網站。

　　開戶只有你一人的話，就選個人帳戶，或者假如是你和另一半，就選聯名。它會要你輸入各種資訊，諸如姓名、生日和社會安全碼。然後你會用銀行路徑和帳號來「確立注資」（establish funding）。你要提供電子簽名，然後註冊線上存取功能。先鋒的表格頗為容易且好懂，所以整個流程頂多花上 10 分鐘就行了。注意，這個資金需要幾天才會匯入，等現金一到位，你就可以開始投資了！

　　各家折扣經紀商的開戶流程都頗為類似，但假如你真的受阻，不要猶豫，直接撥打客服專線。

 ## 交易

　　你再一步就要成為投資人了！現在你開好了經紀帳戶並注資，就能舒服地在電腦螢幕前從事交易（買賣股票）了。為了交易，你需要三樣東西：股票代號、下單量和下單類

型。切記，股市只在週一至週五從美東時間的上午 9:30 開
到下午 4:00。❶

　　當你準備要買指數基金時，可以從經紀帳戶的「交易」
畫面中自行下單。各基金都有代表的股票代號，該代號就是
你在指定買什麼時所輸入的東西。底下的例子就是我下單
時，在我的富達帳戶中所看到的畫面。

---

❶ 北美東部時區的標準時間（EST）為 UTC-5，夏令時間（EDT）為
UTC-4。臺灣則為 UTC+8。

　　你還需要知道要買多少股。假如你有 2,000 美元可動用，而 VTI 的價位是 200 美元，你就能買十股。在下任何單之前，都要先計畫好如何配置金錢，這樣才能算出你應該在各檔基金購買多少股。不要把錢配置過頭，留下一小部分現金會比較好。

　　其次是下單類型。最常見的第一種下單類型是市價下單，這意味著在那個時間點上，也就是你點選「下單」的時刻，股票會以最佳的現價來買賣。買賣並非總是在瞬間，下單可能會花上幾秒或幾分鐘來進行，意味著你所買到的價格，或許會跟本來看到的稍有不同。

　　基於這個理由，有些消費者會選擇用限價下單，這會告訴經紀商，只有在能拿到一定價格或更好的價格時，才進行買賣。但重點是，在股票真的來到那個價格前，你的單可能就過期了。所以我從來都只用市價下單，並奉勸新手投資人在剛開始時比照辦理。

　　你還需要輸入「時效」，意指在執行或過期前，下單會保持多長的效期。這應該會自動預設為「日」，意思是假

如沒有在交易日收盤前執行，它就會取消。假如基於某種理由，你的市價單到美東時間下午 4:00 都沒有執行，你就需要隔天再下單一次。這從來沒有發生在我身上過，我也不認為會發生在你身上，所以不用傷腦筋。「開盤價」和「收盤價」等其他選項，現在則對你不適用。

交易可動用現金

Cash Available to Trade　$128.48
Settled Cash　$128.48
AS OF 09/06/2017 6:22 PM ET

交割現金

Transaction Type　Symbol　　買賣類型　　代號
Stocks/ETFs　IJR

ISHARES CORE S&P SMALL CAP (IJR)
69.05 [+]　　Bid　66.54 x 1
↑ 0.21　　Ask　70.88 x 5
Prospectus　Vol　1,925,915
AS OF 09/06/2017 4:10 PM ET

Trading Session　　交易時段
● Standard Hours　　○ Extended Hours

Action 動作　Quantity 量　　標準時間　　延長時間
Buy　10

Order Type 下單類型
Market Order

Time in Force 時效
Day

Cancel　**Preview Order**

在填單時，你或許會看到其他幾個欄位，其中一欄是價格，只有在限價下單時才會用到。你或許會看到過期、特殊指令和路徑等欄位，新手投資人可以暫且忽略這些欄位。

為了簡單起見，就用市價下單。輸入股票代號和下量，審視所有的資訊，深呼吸，然後麻煩你⋯⋯點選下單鍵。喔耶！你正式買進了第一股！開瓶汽泡酒來慶祝，並發電子郵件到 moneyhoneyrachel@gmail.com 給我，好讓我也能與你同慶。敬你一杯，親愛的朋友！

14. 退休──全新的定義

　　長話短說：美國最常見的兩種退休帳戶，分別是 401(K) 和個人退休帳戶（IRA）。這兩個帳戶都能設定為傳統個人退休帳戶，或羅斯（Roth）個人退休帳戶，你要依照目前和未來預期的進帳來決定是哪類。就把退休想成你的被動收入超過支出的時刻。

　　很久以前，有種信念曾廣為流傳：如果你賣力工作 40 年，就能在 60 歲退休，並把剩餘的年歲花在旅遊、打高爾夫、徜徉在泳池畔和奢華度日上。不過，愈來愈多人所領悟到的事實是──這是個大到不行的謊言。假如你還緊抱著希望，那該死心了！沒人有時間聽那種瞎話。

　　最有可能成為大筆開銷的，其實是你的臨終歲月。你必須為了維持生命而負擔的醫療支出和長期照護，更隨著人均

壽命的延長而愈來愈重。最慘的是，我們活得愈來愈久——我開玩笑的，壽命延長是很了不起。但更長的預期壽命，也意味著你在退休後必須養活自己更多年。以前退休後有十年可活，現在則是二三十年之久！這段時間，你全要靠積蓄來過活。

人們多半是在 60 或 65 歲退休，卻在幾年後回到職場，因為什麼都貴。新的「退休數字」正風行全美，這個數字是 200 萬美元。專家說，千禧世代現在需要為退休存下 200 萬美元。[13] 2,000,000 美元，以防你不知道，我算過它有六個零。我們一輩子可能也存不到「區區的」200 萬美元。

假如你離退休還有 30 年，那每年需要存多少才會有 200 萬美元？猜猜看，可憐的小朋友。假定合理的存款利率是 6%，你每年就需要存 2 萬美元。這可不是隨便說說的。

結論：雖然離退休還很遠，為退休而儲蓄卻是當務之急。你必須存一大堆錢，你必須「現在就開始」存一大堆錢。或者接受自己不能在想要的時候退休，或者所過的生活方式會大為不同（這個「大為不同」要念成：拮据）。你每

年要存 2 萬美元，或每次領薪要存 770 美元，因為 30 年可不是嘴上說說就辦得到的。

容我提醒你，沒人會知道退休需要多少錢。200 萬美元是以平均值為準的大概數字，沒有人知道實際的數字。每個人的處境不同，有些人日常開銷可以少花很多，有些人需要的則多得多。你可以在網路上找到百萬種退休計算器，並拿你自己的假設來玩玩看，這樣就會稍微了解自己獨有的處境。有一大堆書籍都寫過退休需要多少錢，去找來看看吧。

 ## 定義退休的全新方式

你會怎麼定義退休？大部分的人都認為退休是「累積到足夠的錢可以過活，直到過世之前的時刻」。這點的另一種說法則是，這就是我們可以停止工作的時刻，因為我們有足夠的錢來維繫生活。

我偏好以不同的方式來思考退休。你有聽過被動收入嗎？我親愛的朋友，被動收入一如字面，就是被動賺得的收

入——但誰會去想到這部分呢？不像一般工作所賺得的主動收入，你不必以「工作」或「鐘點時數」去賺得被動收入。被動收入來自諸如出租物業的收入、賣出書籍和音樂的版稅，以及股票的股息，這些收入流會自我維繫。你必須事先下工夫來設立收入流，像是寫書，但等那個產品一創造出來，它就能永永遠遠為你賺得收入。

我和未婚夫目前擁有兩筆出租物業。一筆獲利約為每月 500 美元，另一筆獲利約為每月 600 美元。這些物業會有一些維護和保養的小差事，但在其他方面，我就不必出力了，租金收入每個月都會按時入帳。假如你不用工作，每個月就能賺 1,100 美元，你的生活會有什麼變化？

假如你每個月所賺的被動收入是 5,000 美元，你的生活會有什麼變化？這能代替你在全職工作上的收入嗎？假如可以，你就能退休了，恭喜！

總之，我會把退休定義為「可以由被動收入來應付支出的時刻」。假如你所產生出的被動收入，足以使你不再需要工作，那你就可以退休了。事實正是如此。這個概念令人興

奮的是，你不必等 40 年，直到累積足夠的錢才停止工作。你現在就能專注於產出被動收入流，以便能在 5 或 10 年後退休！

我可以寫整整一本書來談談如何產出被動收入流，不過我會把這件事留到我的續作☺。目前請先去拜讀德馬科（MJ Demarco）的大作《百萬富翁快車道》（*Fastlane Millionaire*），它會永遠改變你對退休的想法。

 ## 401(K) 退休福利計畫

401(K) 或許是最為人所熟知，與退休儲蓄相關的用詞。401(K) 計畫是由雇主提供，並容許勞工把部分薪水直接投資到計畫裡。它有各種規則，以下是須知：

- 錢要怎麼投資是由員工自己掌控。大部分的計畫都有推出各式各樣的共同基金或指數基金。
- 很多雇主會給予相應提撥或部分提撥，例如雇

主可能會對你所提撥的前 3％給予相應提撥。
假如你是賺 10 萬美元，而且每年提撥 10％到
401(K) 裡，雇主就會相應提撥前 3％或 3,000 美
元。免費的錢！這是 401(K) 最大的優惠。

- 賦益權（vesting）的定義是，在「有權」獲得
任何的雇主提撥前，你必須為公司效力的時間
長度。

- 你能提撥的數字是有限的。普遍來說，員工每
年最多可提撥 18,000 美元。

- 你必須等到 59.5 歲才能領錢。假如不等，就必
須繳 10％的提早提領罰款。所以，就等吧。

以上是要旨所在。有其他由雇主贊助的計畫類似於
401(K)，例如 403(b) 的退休計畫，是針對公立學校或非營
利組織的某些員工。美國大部分的政府員工則有 457 計畫
可用。

謹供參考，你的 401(K) 和所有提撥至該帳戶的金額都
歸你所有，但雇主的提撥並非總是如此。所謂賦益權的巧妙
概念，就是列出你何時有權拿到雇主提撥、何時沒有。例

如，要是你在公司工作不到一年就辭職，很多公司就會把雇主提撥從你的 401(K) 中領出來。訂立這些方針，有部分是為了鼓勵忠誠度並降低員工的流動率。各家公司的賦益權規定都不同，所以你應該找人資聊聊帳戶的規則。要釐清的是：你本身的提撥總是歸你所有，但賦益權規則是明訂雇主提撥何時才正式屬於你。

當你離開雇主時，帳戶會發生什麼事？不會怎樣。它依舊是 401(K)，你也保有取用和所有權。你什麼都不必做，但什麼都不做通常不會是最好的選擇。這是因為在與雇主分道揚鑣後，你的投資選項會繼續受到計畫中可用的東西所限。

最好的選擇是把它轉進個人退休帳戶。「轉入個人退休帳戶」（rollover IRA）的用詞就是由此而來，它是轉換到個人退休帳戶裡的 401(K)。那麼，說到個人退休帳戶⋯⋯

 ## 個人退休帳戶

根據美國國稅局的定義，IRA 是「個人退休安排」

（individual retirement arrangement）的簡稱。大部分的
人則認為它的意思代表「個人退休帳戶」（individual retire-
ment account），但是沒關係，你現在可以當那個糾正別人
的討厭鬼，跟周遭的人宣揚有意義的淵博知識。

　　任何有收入的人都能開立個人退休帳戶，但有規則和
限制。例如「在 59.5 歲前不得提領」的規則，也適用於個
人退休帳戶。個人退休帳戶的最大提撥遠低於 401(K)；以
2017 年來說，你只能提撥 5,500 美元（有某些例外）。

　　容我釐清的是，個人退休帳戶並不是一種投資，而是一
種帳戶。你不能問說：「現在我在個人退休帳戶上能拿到多
少利率？」它不是付特定利率的高收益儲蓄帳戶，而是為退
休儲蓄的機制，就跟 401(K) 相同。你可以用現金開立個人
退休帳戶並把它擺著，或者可以拿現金去投資股市。

　　個人退休帳戶有好幾種不同的類型：

- **個人的個人退休帳戶**：標準類型的個人退休帳
  戶，任何人都能開立。
- **SEP 個人退休帳戶**：簡易員工退休金（Simp-

lified Employee Pension）。SEP 是由雇主為員工的利益所設立，並且全由雇主來提撥。運用 SEP 的多半是自營的個人或小事業主，它的提撥限額較高。

- **SIMPLE 個人退休帳戶**：也就是員工儲蓄誘因相應計畫（Savings Incentive Match Plan for Employees）。這是另一項由雇主來訂立的退休計畫，但合乎資格的員工也能提撥，它的提撥限額較高。
- **自我導向（Self-Directed）個人退休帳戶**：特定的個人退休帳戶，容許另類投資和一般來說較有風險的投資（例如房地產投資）。

傳統個人退休帳戶 vs. 羅斯個人退休帳戶

幾乎所有退休帳戶都會給予稅務補助，稅務補助則端看帳戶是傳統帳戶還是羅斯帳戶。個人退休帳戶是兩個都會

有稅務補助，如今大部分的 401(K) 也是。

　　傳統帳戶和羅斯帳戶在稅務待遇上有所不同。普遍來說，提撥至傳統帳戶的金額都可抵稅。提撥至傳統帳戶時，你會預先得到稅務補助，以及基金的成長會延後課稅，這意味著在提領之前，你不用繳利息、股息或資本利得的所得稅。基本上，你是把所欠的稅推到未來。

　　羅斯帳戶正好相反。提撥不可抵稅，但基金的成長免稅。所以你要像平常那樣預先繳稅，但日後提領時就不用繳稅了。

　　由於這讓人混淆到爆，我們來看看現實生活的例子。有個超殺的女老闆珍妮是年收入 50,000 美元的會計師，她正在考慮要開立傳統還是羅斯退休帳戶，她今年想提撥 5,000 美元。

　　假如珍妮選了傳統個人退休帳戶，由於她符合某些規定，所以符合 5,000 美元的全額抵稅資格。這意味著她的應稅所得會減少 5,000 美元，而變成 45,000 美元，所以她必須繳稅的收入就少了 5,000 美元。假如珍妮要繳 30％的稅，所

省下的稅就是 1,500 美元。

快轉到 35 年後，珍妮退休了，並首次提領退休金。如果從傳統個人退休帳戶提領，稅務上是依照提領當年度稅級的常規所得來課稅。珍妮退休時，她的稅級較低，只有 25%。當她在退休期間提領這 5,000 美元時，必須繳的稅是 1,250 美元。在這樣的情境下，傳統個人退休帳戶對她有利，因為她在退休期間的稅級較低。珍妮預先省下了 1,500 美元，而在退休期間繳了 1,250 美元，省下 250 美元。我們可以做個總結，假如你預期退休時的稅級會較低，傳統個人退休帳戶或 401(K) 就屬上乘之選。

另一個例子，超殺的女老闆克萊兒是位機械工程師，每年賺 60,000 美元。她也想要在今年提撥 5,000 美元到個人退休帳戶裡。假如她選了羅斯個人退休帳戶，她今年的應稅所得依然是 60,000 美元，因為她提撥到羅斯個人退休帳戶並不會得到抵稅。不過等她後來退休時，就不必繳任何的稅。

假如克萊兒在退休期間的稅級高了許多，從稅的觀點來看，投資羅斯帳戶，總體來說便為她省下了錢。既然她在退

休後的稅級，比提撥至羅斯帳戶時還高，那羅斯個人退休帳戶就是對的選擇。

　　總體來說，假如你預期退休期間的稅級會比現在低，傳統個人退休帳戶就會比較占優勢。假如你預期退休期間的稅級會比現在高，羅斯個人退休帳戶通常就會是比較好的選擇。

　　「好吧，那又怎樣？」你會問，「這對我現在有什麼幫助？」說得好。有哪個人會知道，退休時的稅級是怎樣呢？沒有，因為沒有人能解讀未來。對，你可以假設，也可以為某個結局預先計畫，但這並不意味著你的人生就會照這樣走。你不可能知道退休期間的生活會如何，正因如此，很難確知該開立傳統還是羅斯個人退休帳戶。

　　由於資格上的限制，你或許甚至不符合傳統個人退休帳戶所附帶預先抵稅的資格。這要看你賺多少錢，以及你的雇主有沒有提供退休帳戶。舉例來說，假如你在有給予 403(b) 計畫的醫院當神經外科醫師，年收入 30 萬美元，那傳統個人退休帳戶對你來說就沒什麼用，因為你不合乎稅務補助的

資格。這時你應該要選羅斯個人退休帳戶，這樣後來才能得到稅務補助。先斟酌你的資格，因為這或許會讓你更容易做出決定。

或者你可能像我一樣，在操作時，假定自己在退休後會是一個富婆，因此稅級會高得多。**#敢於做夢**。由於我很樂觀，所以我只有投資羅斯個人退休帳戶和羅斯 401(K)。

也許你在財務上正經歷艱困的一年，那你就要盡其所能地利用減免。也許你遭到資遣，而且你的車子在同一個月故障、你在同一個月遭搶、你在同一個月必須在財務上支援家人；也許你需要盡快用上任何可能的稅務減免。在這種情形下，為什麼不利用傳統個人退休帳戶的抵稅？我會說，做就對了。我大力提倡善用稅制來使眼前的處境好轉！

重點是，我說過很多次，沒有一體適用的事，每個人都是處在完全不同的情況裡。在決定要開立哪類的退休帳戶前，務必要考慮所有因素。

第 **5** 篇

稅務和保險

15. 不必要課的稅

　　長話短說：總收入減去扣除額，就等於調整後總收入（adjusted gross income, AGI）。用稅級和調整後總收入來研判應納稅額，再把減稅額給減掉，便會得到最終應納稅額。拿這個金額來比較你前一年是預扣多少，以看看是要多退還是少補。假如退稅很多，就要考慮調整預扣，不要繼續把錢無息借給政府。

　　稅務法規每天都會公布新的內容，你知道 2016 年的美國聯邦稅法有多少頁嗎？ 74,608 頁！[14] 在很久以前，稅法才不到 500 頁。但光是在過去 30 年，它的長度就成長了近三倍。天哪，我們有整個行業的人在專門幫人報稅。現在我們要付幾百塊美元給合格會計師來填寫數百頁的稅單，感謝政府把這搞成複雜到沒有必要的程度。

別怕！我在這裡，就是要幫助你過濾掉稅法的繁瑣。在本章裡，你只會學到需要懂的事：稅務是怎麼運作，退稅是怎麼計算，以及預扣要怎麼調整。

 稅率級距

首先，在大老美國這裡，是實施累進稅率，意味著收入較高的人要繳給政府較高比例的錢。2017 年時，美國的稅級是從 10％遍布到 39.6％。❶

稅率	應稅所得級距
10%	$0 ～ $18,650
15%	$18,650 ～ $75,900
25%	$75,900 ～ $153,100
28%	$153,100 ～ $233,350
33%	$233,350 ～ $416,700
35%	$416,700 ～ $470,700
39.6%	$470,700+

❶ 編注：根據臺灣財政部公布的稅率級距表，稅率是從 5 到 45%，詳見：www.ntbt.gov.tw。

大家沒有真正理解這件事，它並不像是「喔，我賺了 20,000 美元，所以要繳 20,000 美元的 15％，就是 3,000 美元。」錯。實際上所發生的是，你要為第一級的 18,650 美元繳 10％（如上述的稅級），然後為下一級的 1,350 美元繳 15％。❷

$$\$18,650 \times 10\% = \$1,865$$
$$\$1,350 \times 15\% = \$202.5$$
$$總計：\$2,067.50$$

這意味著，你的有效稅率是 $ 2,067.50 / $ 20,000 = 10.3％。懂了嗎？輕鬆愉快。順帶一提，這只是針對聯邦稅，州和地方則不然。

 ## 稅要怎麼算

下面是高手招數：首先計算應稅所得，從總收入開始，並減掉扣除額、調整額、免稅額等等。然後用當年度的稅級來計算稅賦，就像剛剛做的那樣。接下來，把減免給減掉，

就會得到淨應納稅額。最後，根據發薪時已經預扣了多少，你便要多補給政府或是得到退稅。

現在來談最重要的事，以下是研判你應繳的聯邦所得稅的特定步驟。

首先，研判你的淨應稅所得，這會包括工資、小費、佣金、贍養費、利息、資本利得等等。扶養子女、贈與、勞工撫卹和其他一些類別屬於免稅所得，所以這些不包括在內。

接下來，計算調整後總收入，調整後總收入等於淨應稅所得減去國稅局所定義的任何「調整」。調整額的例子包括學貸利息（哇！）、對傳統個人退休帳戶的提撥和學雜費。

接著，將調整後總收入減掉扣除額。在計算扣除額時，你可以採用標準扣除額或列舉扣除額。標準扣除額是國稅局每年容許你申報的預設金額，列舉扣除額則是你實際扣除的詳細清單；你可以看哪個比較高。一般的扣除額包括醫療和

---

❷ 編注：此處計算方式與臺灣現行方式相同。

牙科支出、個人動產稅、房屋抵押貸款的利息,以及對合格慈善機關的捐獻。這就是屋主會因為得到了所有奇妙的抵稅額,而贊許自己的地方。

在把調整後總收入所得減掉扣除額後,還要減掉免稅額。假如沒有人把你申報為受扶養人,你可以為自己申報一筆免稅額。你還能為你的每個受扶養人申報免稅額,不幸的是,受扶養人不包括你的寵物。

所以,目前你把總所得減掉了調整額、扣除額和免稅額,得到了應納稅所得。現在你要拿稅級表來算所有的花俏數學,以算出你的應納稅額。

接下來要計算減免額。扣除額和減免額之間的重要區別是:減免額是為所得稅提供等值的削減。這意味著 1,000 美元的減免額,會直接為你省下 1,000 美元的稅。另一方面,扣除額則是在降低應稅所得。因此,減免額總是比同等金額的扣除額要值錢。常見的減免額包括子女減免、受扶養人照護減免,以及賺得收入減免。所以你現在把應納稅額減掉減免額,就會得到最終的淨稅賦。

最後一步是判斷前一年已經繳出去的稅，也就是每次發薪時預扣的金額總和。如果預扣額比淨稅賦要多，你就會得到退還的差額；如果預扣額比淨稅賦要少，你就必須繳交差額。以下是整體的公式：❸

總收入－調整後總收入的扣除額＝調整後總收入

調整後總收入－標準扣除額或列舉扣除額（擇一較高者）－免稅額＝應稅所得

應稅所得 ✕ 稅率（用稅級表）＝應納稅額

應納稅額－減免額＝淨稅賦

裡面有很多細節，所以我們以現實生活的情境來試試

---

❸ 編注：臺灣現行計算方式為「所得總額－免稅額－標準扣除額－特別扣除額＝綜合所得淨額；綜合所得淨額 ✕ 稅率－累進差額＝應納稅額」。

看。我會給你所有的詳細資料，由你來算出退稅或補稅。假如你想出了正確的答案，就用墨西哥捲餅和瑪格麗特酒來獎勵自己。

　　莫妮卡是一名身在紐約的餐廳主廚，2017 年的薪資是 55,000 美元。除了薪資之外，莫妮卡還從儲蓄帳戶賺得 500

總收入	$55,500	薪資加利息（老媽的贈與不算）
調整額	$1,500	提撥 1,500 美元到傳統個人退休帳戶
調整後總收入	$54,000	總收入（55,500）減去調整額（1,500）
標準扣除額	$6,350	2017 年單身申報戶的標準扣除額
免稅額	$4,050	2017 年單身申報戶的個人免稅額
應稅所得	$43,600	調整後總收入（54,000）減去扣除稅額（6,350+4,050）
應納稅額	$5,607.50	第一級 $ 18,650 x 10% 加下一級 $ 24,950 x 15%
減稅	$0	沒有減稅
總預扣額	$6,389.50	發薪預扣總額
退／欠稅	$782	總預扣額（6,389.50）減去應納稅額（5,607.50）＝退稅

美元的利息,並在生日時收到老媽 1,000 美元的現金贈與,
她提撥了 1,500 美元到傳統個人退休帳戶。莫妮卡要採用標
準扣除額,在 2017 年時,單身納稅人是 6,350 美元。前一
年發薪所預扣的稅總共是 6,389.50 美元。那麼莫妮卡會得到
聯邦退稅,還是要補稅,以及會是多少錢?

以上是列出整個計算過程的逐行表。

由於莫妮卡的預扣額大於應納稅額,所以她會收到 782
美元的退稅。我會推薦她調整預扣額,這樣就不會收到這麼
大筆的退稅。繼續往下讀(邊享用墨西哥捲餅和瑪格麗特
酒),以找出為什麼。

退稅與預扣

你是那些會對退稅感到興奮的人之一嗎?你有沒有家人
和朋友會期盼報稅季,因為他們期待著大筆的找零?馬上給
我住手。套用超保守部落客麥特・華許(Matt Walsh)的話:

　　我每年都要忍受眾人慶幸「退稅」的奇景，彷彿是中了刮刮樂。但它並沒有什麼好慶幸的，你其實應該要對退稅感到生氣，我來解釋為什麼。對很多人來說，「退稅」並非突然、神奇的意外之財，只是政府退還了欠你的錢。「退稅」意味著政府超收了有權收的稅，然後把這筆強徵的「貸款」持有不動，最後無息退還。

　　而且只有在你去找他們把它要回來時，他們才會歸還。假如你打錯了一些數字，或者忘了幾份表單，他們就會把錢吞掉。假如你一直放任他們，他們就會永遠把它吞掉。你可以拿這點來做比較：假如是你欠他們錢，想想他們會怎麼對待你。這筆錢一定會產生罰款和滯納金，而且「你不知道自己欠他們錢」的事實，不會是他們能接受的藉口。只有他們欠你錢時，他們才會接受。但你不是他們。

　　對，我了解你把錢拿回來很高興，但別為了把你自己的錢無息歸還給你，而感到雀躍或是去跪謝國家。而且假如你拿回了一大堆退稅，那你虧掉的

錢其實更多，因為這筆錢本可靠儲蓄來產生利息，或者你本可拿它去投資。總之，你被坑了。我討厭煞風景，但我們全都應該了解稅務是如何運作，以及政府實際上是在搞什麼。[15]

各位女士先生，獲勝的是麥特・華許！（免責聲明：麥特・華許的意見與眾不同，而且他的看法不代表我個人的看法。我認為他在退稅上的觀點說得很對，但在其他很多方面，我就無法苟同了。）

每次發薪時，政府都會依照你填的那些收入、受扶養人等表單，把你的錢預扣一些下來。到了報稅季，當你實際報稅時，你就會明白你在上個年度究竟欠了政府多少錢。假如你欠他們的比預扣的多，就必須繳給他們；假如你欠他們的比預扣的少，他們就會把你自己的錢退給你，而且他們連利息都不會付給你！如果你覺得「真是食人夠夠！」，那你就是看到曙光了，朋友。

這就是為什麼正確地填寫預扣表單是如此重要。要是拿回多到不行的退稅，我會氣死。這就像是說：「嗨，政府，

你可以無息拿走我的 3,000 美元一整年，到時候記得還給我就好！」誰會這麼做？我不太借錢給任何人，更何況是無息借款。所以，最好祈禱自己會預扣到剛剛好的退稅額（假如有的話）。過去一年，我補繳了州稅，並收到少許退還的聯邦稅，所以總計淨出入稅額約為 300 美元。這在我的帳上接近完美。

假如你並不熱衷於把錢無息借給政府，且容我向你傳授預扣表單這個技巧，不過它只適用於公司的雇員。

W-4 表單

你可以用 W-4 表單來控制雇主在發薪給你時會預扣多少錢。這份表單讓你可以研判預扣限額，並能隨時更改。你申報的預扣限額愈大，雇主的預扣就愈少。剛開始為雇主工作時，你就應該要填寫 W-4。美國國稅局有巧妙的小工具來幫助你計算應該要預扣多少，以及該不該向雇主提交更新過的 W-4 表單。上 https://apps.irs.gov/app/tax-withholdingestimator 去看看。

假如你是自雇者,發薪就完全不會自動預扣。為了避免鉅額的稅單在報稅季冒出來,你應該要自訂預扣系統。我當過獨立業務來販售家可刀具,以支付我的大學教育費用,而當我第一年報稅時,就像是有人朝我的肚子打了一拳。我補繳了鉅額的稅單,既是因為我的收入,也是因為發薪沒有絲毫自動預扣。不要犯下我犯過的錯誤!你可以去 Google 搜尋線上的自雇者稅務計算器,以便了解要補繳多少錢,然後一整年都固定挪出這筆錢,這樣報稅季時就不會被稅單嚇到。

 ## 我該找合格會計師嗎?

到目前為止,我每年都是用 TurboTax 來報稅。我向來都是自雇者或受雇於公司,我還是單身,沒有小孩,所以我的報繳相對直截了當。不過,現在我投資了房地產,並經營了另外幾項事業,我就會找合格會計師來幫我報稅。依我之

見，TurboTax 對直截了當的報繳超有價值。不過，當你跨足房產界，並擁有自己的公司、房地產投資和複雜的稅務情境時，就值得花錢請一位合格會計師。

假如你是自雇者，而且對保留收據和登記里程沒輒時，你或許也會想要考慮聘請合格會計師。

16. 保險──壽險與長期失能險，定期險與終身險

長話短說：假如你沒有受扶養人，就不需要投保壽險，假如你在財務上有受扶養人，那定期壽險會比終身壽險要好；長期失能險有時候則比壽險重要。

 ## 壽險是什麼？

壽險是與保險公司簽訂的合約。你固定繳費給保險公司，他們所回報的，則是會在你身故時提供總額給付，也就是身故給付，給你的受益人。

常見的錯誤概念是「每個人都需要壽險」，讓我就這點

來為各位＃終結流言。首先，試想壽險的目的。想想你的父母，也許其中一位會待在家裡照顧你，而另一位則是在職。假如在職的家長突然身故，那會發生什麼事？留下待在家裡的家長，不再有工作收入，這意味著他或她沒有立即的方法來繼續扶養小孩。但如果在職的家長有投保壽險，那當他或她去世時，待在家裡的家長就會收到一筆錢來養家一段時間。由於小孩是靠持家的家長來扶養，持家的家長則是靠在職的家長來扶養，因此這筆錢會很有幫助。壽險會消弭由於在職家長身故而失去收入，因此產生的風險。壽險意味著，無論你發生什麼事，它都會扶養你的家人。假如眾人是靠你來扶養，壽險就無比重要。

長話短說：假如你在財務上需要扶養他人，你才需要壽險。因此，對所有的單身人士來說，要是在財務上不需要扶養小孩或父母，暫且就去享受不用上繳壽險保費的感覺。

你對壽險的需求會隨著年紀和責任而增加。你購買的保險金額，應該要反映你有意為受扶養人保證的生活水準。你要計算這個金額，同時把任何已經可用的資產、社會安全補助、房屋價值和手邊的所有現金納入考慮。你也會想要考慮

到身故給付需要應付的所有成本；錢不但要足夠代替目前的收入，還要應付將來的教育成本、喪葬成本、債務，甚至是因通貨膨脹而上升的物價成本。

即使真的有受扶養人，你也未必需要保險。例如，如果你是信託基金寶寶，持有數百萬美元，那即使有了小孩，你或許也不會投保壽險，因為你有足夠的金錢來維繫他們的後半輩子。

另一個常見的錯誤概念是「若有受扶養人，就需要為自己的後半輩子買壽險」，我們來仔細思考這件事。菲比是個有工作的單親媽媽，她有一個 10 歲的女兒。菲比必須扶養女兒，因此顯然需要保險。但這是否就意味著，她需要為自己的後半輩子投保保險呢？也許是，也許不是。難道大家不會期待自己的女兒到 25 歲時，就在財務上自給自足嗎？假如會，菲比就只需要為自己接下來 15 年的人生投保保險，以便替女兒把這個空檔銜接起來。因此你可以看到，對壽險的需求會因本身的情況而異。

一如大部分的事情，守則也是有例外的。有些人即使沒

有受扶養人，也會選擇壽險保單，以應付萬一身故時的喪葬
支出。

美國有一些公司會提供壽險，你的公司或許也有。我
會透過工作來取得免費的壽險保單，即使我並不需要。在斟
酌購買任何的額外保單前，要去打聽工作上所提供的壽險保
單。

定期險 vs. 終身險

壽險有兩大類：定期險和終身險。如同菲比的情境，定
期險是設計來提供特定一段時間的財務保護。在傳統上，所
繳保費的金額在整個保障期當中會是相同的。等期間結束，
你有時候可選擇延長保障，但費率通常會高上許多。定期壽
險通常不如終身險來得貴。

運用定期險的另一個情境，是要照顧年邁的父母。好比
說你的父母 90 多歲了，財務上也靠你來扶養。假如你出了
事，他們就慘了。你或許可選擇購買 5 或 10 年期的壽險，

好預防自己身故對他們造成的影響。

定期險並非昂貴的基本壽險，對於大部分的情況而言都綽綽有餘。

終身險則是提供一輩子的保障，因此所繳的保費會較高。終身險有保險和投資的成分，當你身故時，保險的成分就會給付預定的身故給付；投資的成分則會累積現金，使你能借出或直接提領。累積的帳目在稅務上是免稅或延後課稅，因此你可以靠這類的保險來逐時累積財富。

終身壽險的最大劣勢，是成本總是會超過定期保單（但身故給付金額相同），有時候一年會相差數千美元。另一個缺點是，一般來說，你對於所投資的現金價值成分沒有發言權，這完全是取決於壽險公司。

 ## 長期失能險

當你沒有保險時，對你的小孩來說，有什麼事會比你身

故還要慘呢？那就是，當你全身癱瘓，再也照顧不了自己。家人不但失去了你的收入流，你還成了他們的財務負擔，必須持續照顧你的後半輩子。你是否已經看出來，沒有長期失能險的害處，對於你的家人來說，可能是沒有壽險的百倍？

當你因失能而完全無法工作，或者只能兼職工作時，長期失能險就有助於長時間頂替你的一些收入。在美國，這種保險通常會由雇主提供，但如果你想要額外的保障，可以向保險業務員要求個人專案。

當我還是小孩子時，有天在戶外和朋友玩耍，我爸則在高聳的梯子上動手為我們蓋酷炫的遊戲屋。我在向朋友吹噓這個即將落成的勝地時，愚蠢地決定在他工作之際，往梯子的底桿坐下去。我的體重使梯子稍微晃動，下一秒我爸就手握著尖銳的工具，從 15 英尺（約 4.5 公尺）的高度摔到地上。嚇死人了！幸運的是，他沒事。但要是他把背摔傷了呢？（要是「我」害他把背摔傷了呢？！）我想再跟我爸說聲對不起。當時我媽待在家裡照顧我和兩個姊妹，要是我爸必須停工半年來養傷，我們該怎麼辦？這就是長期失能險的重要之處。

即使大部分的雇主都有提供相關規劃，但假如你真的遇到這樣的狀況，他們所給的補助大概不足以提供給你和你的家人。大多數計畫只會幫你頂替一部分目前的收入，這個比例通常是 50 到 70％，而且只會持續一段期間。在現實生活中，最糟的情境或許是，你目前的收入在後半輩子全都需要補助。

長期失能險的好處包括保險金的用途不受限，補助也是免稅的；壞處則是保費不會在失能以外的情況下回到你手上。長期失能險運作起來就像是定期險，假如出了什麼事，你就會拿到補助；假如沒出什麼事，你就不會拿到補助，錢也不會拿回來。這就是保險的前提。

你需要以成本來權衡補助，以決定何種保險才是最適合你的，但凡事莫過於去請教專家。找你信得過的保險業務員來審視你個人的情況，並加以推薦適合的保險。

第 **6** 篇

策略

17. 讓可愛的錢自動滾進來：簡單七步驟

　　長話短說：財務自由有七步驟，前三步一天就能完成，別再等了，現在就開始。

　　你已經大有進步了，我們用各章的長話短說，快速回顧一下之前談的東西。

⑴ 當大人好難，尤其是在理財上。我將帶著一點自作聰明，以及些許無禮的話語，帶大家來一趟輕鬆好玩的財務自由之旅。在看過本書並學到 7 個簡單步驟後，你將得到易於實行的策略來幫助你立即掌控財務。

⑵ 儲蓄比例沒有硬性的規定，因為各種情形都不同。你必須把大部分的收入存下來，10% 這個

數字無濟於事，儲蓄要靠增加收入或減少支出來增強火力。

(3) 開個高收益儲蓄帳戶來利用複利，讓你的儲蓄得以成長。你要根據需要用錢的時機，把儲蓄分成四桶。一號桶是急用，二號桶是用於明年之內的貴重物品，三號桶是用於一年之後的貴重物品，四號桶是退休金。先填滿一號桶，再著手於二號和三號桶，同時邁向四號桶。

(4) 沒有好的債務這種事，頂多是還可以忍受的債務，但一樣是壞的債務。拿你的融資利率來跟標的資產的上漲比率做比較，就會確知你在背債以前是否做對了選擇。

(5) 你需要靠良好的信用來購買貴重物品，以及符合較低保險費率的資格。美國三家主要的信用報告機構是環聯、易速傳真和益博睿。影響信用評分的主要因素是繳款史、債務利用率、信用史長度、查詢次數，以及信用帳戶的數目和類型。

(6) 你有考慮念大學嗎？如今的大學學費會明顯造

成財務負擔。剛從學校畢業嗎？學貸的應繳款可以用較低的利率來整併，替你省下一筆。要為子女的教育存錢嗎？父母可以利用 529 計畫的稅務補助。

(7) 除非每個月都把帳單全額繳清，否則不要使用信用卡，不然你到最後就要繳數百美元的利息。但假如使用得當，信用卡會帶來超棒的好處和獎勵。

(8) 債務的其他類型包括了房屋淨值貸款、個人貸款、商業貸款、發薪日貸款，以及最常見的抵押貸款。利率和還款期限長度對抵押貸款的總成本衝擊最大。

(9) 股票優於債券。

(10) 共同基金是由專業人員選出多檔股票的池子，指數基金是自動追蹤市場指數多檔股票的池子。指數基金＞共同基金＞個股。

(11) 在市場逢高賣出，在市場逢低買入。只做長期投資。不要對投資盯盤。

(12) 我所偏好的策略，是拿帳戶的 25％去投資下列

各項——國內小型股、國內中型股、國內大型股和國際股票。其中只投資支出比不到 0.2% 的基金。

⒀ 找折扣經紀商開戶，以節省手續費。在交易時，你會需要股票代號、下單量和下單類型。

⒁ 美國最常見的兩種退休帳戶，分別是 401(K) 和個人退休帳戶。這兩個帳戶都能設定為傳統個人退休帳戶，或羅斯個人退休帳戶，你要依照目前和未來預期的進帳來決定是哪類。就把退休想成你的被動收入超過支出的時刻。

⒂ 總收入減去扣除額，就等於調整後總收入。用稅級和調整後總收入來研判應納稅額，再把減稅額給減掉，便會得到最終應納稅額。拿這個金額來比較你前一年是預扣多少，以看看是要多退還是少補。假如退稅很多，就要考慮調整預扣，不要繼續把錢無息借給政府。

⒃ 假如你沒有受扶養人，就不需要投保壽險，假如你在財務上有受扶養人，那定期壽險會比終身壽險要好；長期失能險有時候則比壽險重要。

現在你已經學到了知識，接著就要制定出策略，以針對你的情況來客製化。本書有些任務算容易，像是訂預算等等；有些則較具挑戰性，像是搞懂你的黃金數字（記得，每月支出後所剩的錢）應該要配置多少，以及還債 vs. 儲蓄 vs. 投資。我把它歸納成七個簡單步驟，讓你今天就能開始進行，並順利走上財務自由之路。

 ## 第一步：知道現況

要往前進，你就必須了解自己現今所處的境地。你會需要彙整所有的財務細節，瀏覽底下的清單，並把各項的數字寫下來。想要更輕鬆地完成這一步驟嗎？上 https://www.moneyhoneyrachel.com/free 去下載免費的 Excel 表，有助於你整理這些資訊。這是我送給你的禮物。

- **月支出**。你在預算演練中應該已經寫下了所有的月支出項目。
- **目前的稅後收入**。把家戶收入的來源全部寫下

來，包含任何副業、贍養費或扶養子女的收入。此處只算稅後收入（實領工資）。

- **黃金數字**。把月收入減掉月支出。
- **總資產**。資產是增添淨值的項目。其中包括現金、支票或儲蓄帳戶、退休帳戶、投資帳戶裡的錢、房屋價值（不是抵押貸款的金額）、汽車的價值、別人欠你的錢、擁有任何事業的價值等等。把各項的數字寫下來，然後加在一起，得到總數。
- **總負債**。負債是減損淨值的項目。其中包括貸款、學貸、信用卡債、抵押貸款、車貸，以及你欠的任何款項。把各項的數字寫下來，然後加在一起，得到總數。
- **淨值**。把資產減掉負債。
- **債務細節**。寫下你的每一筆貸款、信用卡或債務。寫下各筆的餘額和利率。
- **退休帳戶**。寫下雇主相應提撥的餘額和任何細節。

第二步：腦力激盪出理財目標

　　你知道自己的處境了，現在我們來搞清楚，你想要往哪裡去。下一步是腦力激盪出你所有的理財目標，從儲蓄目標起步，並想想你的桶子。有一個目標會是以 1,000 美元來填滿一號桶，另一個是，在二號桶裡存下至少四個半月的生活開銷，或是在明年之內需要購買的貴重物品總金額；就看哪個金額比較高。三號桶是準備負擔一年以後的消費，而四號桶是為了退休。你應該要在一號、二號和三號桶裡都有儲蓄，並在每次領薪時提撥金額到四號桶。

　　想一想，你或許有其他理財目標，把這些目標也寫下來：還清學貸、還清信用卡債、在財務上扶養某人等等。

 # 第三步：讓黃金數字成長

　　黃金數字代表你每月可調度的金額，這就是你要配置到

普遍來說，你要把黃金數字一次往一個目標送。不要把黃金數字除以六之後，再對這六個目標支付相等的六筆金額。「焦點目標」會是你重於其他一切的焦點，它會是你毫不手軟，能馬上投入多少就投入多少的目標。

其他的則是次要。例如，如果焦點目標是還清香蕉共和國的信用卡債，你對於其他債務和退休帳戶只要繳最低應繳款就好，然後把黃金數字的絕大部分都擺在香蕉共和國的卡債上。

各桶的金額。我必須認真地跟你說：假如你每個月只存 100 美元，並不能讓你發達。以這樣的比例，你要花 10 個月才能填滿一號桶，沒人有時間這樣做。在增加收入或減少支出的方法上，回頭去參照第 2 章。就算黃金數字高達 1,000 美元，你都該聚焦於讓黃金數字成長。而且，連存 2,000 美元

或許都不足以快速達到你的目標，就看你的情況。

　　針對第三步來腦力激盪並實行至少五種方法，好讓黃金
數字成長。

 ## 第四步：填滿一號桶

　　第一個焦點目標是一號桶。現在完全不要提撥款項到四
號桶（退休帳戶），在有至少 1,000 美元的急用儲蓄前，嘗
試去做其他事都沒用。

　　記住，一號桶只用於不可預見和緊急的用途。假如你
真的需要用到一號桶，就立刻把焦點目標暫停，並回頭切換
到一號桶上。要是你真的使用到或耗盡了一號桶，就該盡快
裝滿。

　　因此你再次遇到這種情況：你所有的債務都只能繳最低
額，因為你別無選擇，但黃金數字的剩餘部分要擺到一號桶
裡，直到填滿 1,000 美元為止。假如你以對的方式來做這件

事，亦即積極努力讓黃金數字成長，那這應該只會花上你一
到三個月。如果你覺得進度太過緩慢，就更進一步來增加收
入或減少支出。你一定能拚命努力幾個月！

 # 第五步：研判提撥到四號桶的最低額

　　從現在起，你一定要做到一件事：固定提撥金額到退休
帳戶。這件事沒有假如、而且或可是，就把它想成在還債，
你每個月都必須繳最低應繳款。我們會在第五步來設定這筆
最低應繳款。

　　假如你有 401(K)，雇主或許有給相應提撥。首先，你需
要搞懂提撥是什麼，以及它如何運作。例如，如果雇主對你
的前 3％給予 100％的相應提撥，那你最好確保自己每次領
薪都提撥至少 3％。假如雇主對你的前 6％都給予 50％的相
應提撥，那你就要固定投入 6％的最低額。它是「免費的」
錢，所以你會想要確保每一分錢！研判你的雇主的相應提撥

是怎麼運作的，並計算每次領薪或每個月需要提撥多少，它才會最大化。

「呃，如果要支付全額的雇主相應提撥，我就要把整個黃金數字都擺在那裡。」那麼，你就需要提高黃金數字。假如在下列演練期間的任何時候，你的黃金數字不夠用，那你有一個可行的選擇：讓黃金數字成長。或者繼續活在引發焦慮的世界裡，當個月光族，並在債務中載浮載沉。由你自行選擇。

假如你沒有雇主相應提撥，那你對四號桶月繳的最低額會比較有彈性。例如你可以把最低退休提撥設為每個月 80 美元，而且以後隨時都能調整（「調整」要念成：增加）。

 ## 第六步：排出優先順序並達成目標

現在一號桶填滿了，最低退休提撥金也設好了，你就能來打理剩餘的儲蓄和債務目標了。唯一的問題是：你要挑哪個來當下一個焦點目標？

你要把錢的威力最大化，聚焦在生活中利率最高的事物上，不管它是好是壞。回頭想想，我們在談到要如何以及何時為購買的商品而背債時，所提出的一些利率比較。

記住，你不會用利率 20％ 的信用卡去買上漲比率是 3％ 的畫，因為那樣很蠢。

無論是要還清高利息的債務，還是提撥給高收益投資，你都要先打理這些高利率的項目。好比說你有 1,000 美元，你可以擺在有 20％ 保證報酬的投資裡，也可以把利率 1％ 的貸款還清。你該怎麼做？假如去投資，你會賺進 200 美元，手上的貸款也要再繳一年 10 美元的利息，所以你是淨賺 190 美元。假如還清貸款，你就不必繳利息，但你也不會賺進 200 美元，所以這樣是打平的。捨棄 200 美元來為自己省下 10 美元，並不會讓我願意和你擊掌歡呼。

你是否已經看出該如何拿利率來互相操作，以產生淨收益呢？這就是為什麼先打理好利率最高的項目如此重要，不管它是好人還是壞人。

下一道演練：把你的利率依序從最高列到最低。假如你

有抵押貸款，不要放進這道演練裡。

　　你或許會疑惑為什麼要排除抵押貸款。一般來說，在你所有的債務中，抵押貸款是唯一可以忍受的債務，因為房屋價值通常會上漲，你也會逐時擴增權益。所以從大格局來看，還清抵押貸款應該要是你最後一個目標。

　　你應該已經在第一步寫下了債務細節，現在把桶子加到這份清單上。來到此時，一號桶已經填滿了，所以不要加進去。二號桶要拿去投資 1%左右的高收益儲蓄帳戶。三號和四號桶要拿去投資不可能預測報酬的股市。你或許會賠錢，或許會賺錢。為了我們的目的，就假定平均報酬是 6%。請閱讀本書結尾的完整免責聲明，因為我個人無法保證股市報酬。

　　你的清單看起來應該會像是這樣，將利率從最高到最低依序列出：

債務	餘額	利率
安泰勒（Ann Taylor）信用卡	$250	23.5%
第一資本（CapitalOne）信用卡	$5,100	22.5%
發現信用卡	$378	20.0%
房屋淨值貸款	$10,050	10.2%
四號桶	很多	6.0%
三號桶	$30,000	6.0%
學貸	$12,890	5.5%
二號桶	$7,000	1.0%

　　在邏輯上，焦點目標應該要是清單中利率最高的項目。我們來舉個例子，假設史蒂芬妮的情況就跟上表一模一樣，她有一些信用卡債、房屋淨值貸款、學貸和她的桶子。

　　史蒂芬妮是一位實驗室的研究員，公司所給的 401(K) 計畫並沒有雇主提撥。她決定在個人退休帳戶中，將最低退休提撥金設為每個月 50 美元。史蒂芬妮的稅後月收入是 2,250 美元，月支出是 1,780 美元。這意味著她的黃金數字

是 470 美元。

利率最高的項目是安泰勒信用卡,所以這應該是史蒂芬妮的焦點目標。會使她得到最大效益的方法,是還清那筆債務並終止高得離譜的利率。她應該要拿出每個月 50 美元的最低提撥到四號桶(請記住,無論如何,你總是要拿出那筆最低提撥),並把黃金數字的剩餘部分或 420 美元配置給安泰勒信用卡。好消息是,卡費的餘額很低,所以她立刻就能還清。

在劃掉安泰勒信用卡之後,史蒂芬妮就應該轉往利率次高的項目:第一資本信用卡。以此類推。

每條規則都有例外。即使是為了利率的目的,我也不會推薦在史蒂芬妮的情境下忽略二號桶。因為要是她突然丟了工作,除非她運氣很好,否則一號桶的儲蓄不會讓她熬過足夠的時間來找到新工作。二號桶是重要的後備急用儲蓄,在上述情境下,另一個選項是繼續對四號桶提撥 50 美元,並另外對二號桶提撥 50 美元左右,然後把黃金數字的剩餘部分擺在焦點目標上。

有些人可能會不認同這點，因為它在邏輯上說不通：
打理利率最高的項目應該要優先於其他事。這點沒有錯，畢
竟信用卡的利息，比儲蓄能賺到的要高上許多。它是取決於
你，以及你最能自在處理的項目。假如你對債務反感，那再
怎麼樣都要聚焦在卡債上。如果你寧可邊儲蓄邊還債，那也
要每月都提撥一點給二號桶。在一號桶裝滿之後，進行下一
項儲蓄目標之前，我個人會先把債務全部還清。

我想釐清另一個小地方，我們以獸醫維多莉亞來當例
子，她的清單是這樣的：

債務	餘額	利率
四號桶	很多	6.0%
三號桶	$45,000	6.0%
學貸	$5,350	5.5%
二號桶	$11,000	1.0%

維多莉亞唯一的債務是利息 5.5％的學貸。一號桶填滿
了，所以她正著墨於二號桶，然後是三號桶。為了使雇主的

相應提撥最大化,所以她按月提撥 300 美元到四號桶的退休帳戶,報酬為 6%。

在技術上來說,依照利率來打理這四個目標的順序會是:四號桶(退休帳戶)6% → 三號桶 6% → 學貸 5.5% → 二號桶 1%。

但維多莉亞的四號桶沒有極限,她絕對「填」不滿。如果聚焦在這個目標上,她絕對達不到目標,並且會忽略掉學貸的債務。而且二號桶也很重要!在維多莉亞的情境下,我會推薦按月提撥 300 美元到退休帳戶,然後擺一點到二號桶裡,並把黃金數字的大部分擺到學貸上。要是能把最後那一點點的債務還清,感覺會很棒!

隨著一個目標達成,你就要移至下一個目標。卡債還清了嗎?就換成利率次高的債務。二號桶填滿了?就轉往三號桶。等這一切結束,你就會填滿一號到三號桶,而且沒有債務!你能想像這有多麼不可思議嗎?屆時你的選擇就會有:盡量提高退休提撥金,並且隨意在二號或三號桶裡存下更多

錢，或者──多花點錢！對，你聽到我說的了！

第七步：完成年度審視

你每年都要把這整個過程再走一遍，寫下目前的財務概況和目標；想出新的辦法來讓黃金數字成長；重新評估對四號桶的按月提撥；確保一號桶還是滿的；為剩餘的目標重新排定優先順序。

每次審視的記錄都要留下來，完成年度審視將有助於你重新設定和重新聚焦財務目標。假如你在七步驟上進展快速，就每半年審視一次。任何事都比不上小小的自我驗證！

我也建議每個月都要更新資產負債表，假如你正照著步驟走，看到淨值成長會是你的一大動力。接著你會很興奮地發現，才過了幾個月，你就有了這麼大的進展。

18. 讓可愛的錢自動滾進來：實際演練

長話短說：來看看七步驟是如何從頭運作到尾。

恭喜，親愛的朋友！你來到終點線了。我想要帶你把整個情境走一遍，以幫助你把每件事串在一起。試想自己有個超殺的朋友名叫安珀。

身為一個團隊，你和我要幫助安珀脫困。安珀是 27 歲的網路安全架構師，住在麻州。雖然大學剛畢業時只賺 34,000 美元，但她近來在某全球機構找到了薪水較高的正職，薪資是 60,000 美元。安珀大有斬獲。

由於學貸和較高的生活成本，安珀畢業後在財務上掙扎了幾年。她後來憑藉著辦了幾張信用卡，使收支平衡了一

陣子。

雖然她的個人退休帳戶裡有 4,100 美元,但她唯有的其他儲蓄,就是幾個月前剛開始工作時,從新雇主那裡收到的 500 美元簽約獎金。她的新雇主有提供健保,並對安珀提撥到 401(K) 退休帳戶的前 3% 給予 100% 的相應款項。

安珀有一個名叫扎克里的男友,以及一隻叫做貝兒,集醜與可愛於一身的哈巴狗。她和扎克里住在兩房一衛的小公寓裡,月租 1,500 美元。兩人平分租金和水電瓦斯費。

安珀一心想要甩掉債務,並覺得現在賺的錢比較多,自己就沒有藉口了。她目前的學貸總共是 47,000 美元,利率是 5%。她另有 12,000 美元的信用卡債,利率是 20%。她還有 5,000 美元的車貸,利率是 3%。嚇死人,安珀需要我們!

安珀的稅後月收入是 3,500 美元,她是用手機應用程式 Mint 來追蹤月支出,所以她確定下列數字是準確的:

類型	月金額
一半的房租	$750
一半的水電瓦斯費（水、有線電視、無線網路、瓦斯、電）	$160
租戶保險	$19
汽車最低應繳款	$180
車險	$80
保養汽車	$40
加油	$130
信用卡最低應繳款	$137
學貸最低應繳款	$188
電話費	$42
照料寵物	$105
健身房會員資格	$39
雜貨和外食	$580
禮物（耶誕節、生日）	$70
購物	$200
個人保養	$130
娛樂	$70
訂閱（網飛、亞馬遜尊榮、好市多）	$20
慈善捐款	$20
其他／雜項	$150
總計	$3,110

月收入 3,500 美元，月支出 3,110 美元，安珀的黃金數字是 390 美元。有誰要舉紅旗嗎？她可以做得更好。

我們來看她的淨值。對了，我們目前是在進行第一步驟，彙整安珀所有的財務資訊。

類型	金額
資產：	
個人退休帳戶	$4,100
現金和支票帳戶	$126
儲蓄	$500
汽車的價值	$10,000
總資產	$14,726
負債：	
學貸	$47,000
信用卡	$12,000
車貸	$5,000
總負債	$64,000
淨值	($49,274)

安珀的資產是 14,726 美元，負債是 64,000 美元。她的淨值是 -49,274 美元……怪了。要翻轉這點，她有很多工作要做，但她起碼知道了自己的處境。

第二步是由安珀來對理財目標腦力激盪。她要以填滿儲蓄桶作為起點，並提出下列目標：

二號桶需要至少能負擔三到六個月的生活開銷，以她目前的支出來算，四個半月就是將近 14,000 美元。安珀明年唯一的儲蓄目標則跟旅行有關，為了享受跟扎克里的墨西哥之旅，以及飛回家過耶誕節，她會需要 2,250 美元。在這兩個數字之中，生活開銷比較大，所以她在二號桶寫下的就是這個數字。

過幾年，安珀想要為自己買台新車，終究也要買房和結婚。她估計這三樣東西要花 90,000 美元，所以這就是她在三號桶寫下的金額。

安珀的其他目標是為退休而儲蓄，並把債務全數繳清。

安珀現在進入到第三步，想辦法讓她的黃金數字成長。

她首先腦力激盪的是增加收入的點子。在跟扎克里談過後，他們決定把第二間臥室刊登在 Airbnb 上出租，這樣每個月可以再賺進 400 美元（其中 200 美元會歸她）。安珀還決

定一週花兩晚當本地大學生的家教,假如她當家教的時薪是 40 美元,她就能再賺到 320 美元。納入這兩個點子,會使她的稅後月收入增加 364 美元,從 3,500 美元到 3,864 美元。她對此很滿意,而且隨時能納入更多的點子。

接著來看支出。在看清單時,她看到一些明顯可以削減的地方。她最大的支出之一,是每個月 580 美元的採買和外食。她反思了最近參與過的所有聚會,以及和扎克里出去吃飯喝酒的夜晚。這點很容易:安珀發誓要多下廚、少外食、少喝酒。她確信自己能把這筆開銷降到每個月 400 美元。

安珀再次細看清單,並且把重點只放在非必需支出。她的固定支出降低不了,固定支出包括房租和還債,但有些非必需支出可以捨棄,諸如染頭髮、修手腳指甲。對於她的一些帳單,她打電話去要求折扣,否則揚言要換成別的業者。在車險和電話費上,她爭取到了較低的月繳金額。她找到比較便宜也較近的健身房,還為貝兒找到了比較便宜的保養和日托場所。她也會拔掉不用的電器插頭,更常關燈,並縮短沖澡的時間。她知道每一塊錢都會帶來不同的影響。企圖降低每個類別的金額後,安珀修訂出的預算長得像這樣:

類型	月金額
一半的房租	$750
一半的水電瓦斯費（水、有線電視、無線網路、瓦斯、電）	~~$160~~　$155
租戶保險	$19
汽車最低應繳款	$180
車險	~~$80~~　$70
保養汽車	$40
加油	$130
信用卡最低應繳款	$137
學貸最低應繳款	$188
電話費	~~$42~~　$38
照料寵物	~~$105~~　$75
健身房會員資格	~~$39~~　$30
雜貨和外食	~~$580~~　$400
禮物（耶誕節、生日）	~~$70~~　$50
購物	~~$200~~　$30
個人保養	~~$130~~　$60
娛樂	~~$70~~　$30
訂閱（網飛、亞馬遜尊榮、好市多）	$20
慈善捐款	$20
其他／雜項	$150
總計	$2,572

　　現在，安珀領悟到這是行得通的。只需一些犧牲和幾個步驟，她知道自己可以貫徹新預算，而且比原來的少 538 美元！另外，她可以用這個較低的金額來更新二號桶。萬一丟了工作，她存活四個半月所需要的就不是 14,000 美元，而是只需要 11,574 美元。她把新數字寫在了二號桶上。

　　別忘了，安珀現在每個月會賺進更多錢。靠著降低支出和增加收入，她的新黃金數字是 1,292 美元！她的黃金數字增加了 902 美元。她從未夢想過每個月能存下那麼多錢，這個數字鼓舞了她，讓她繼續跨出第四步。

　　安珀很開心，因為填滿一號桶花不到她一個月的時間。她已經省下了 500 美元，所以下次領薪時，她就會多放 500 美元到一號桶裡。

　　接著跨出第五步！安珀的新雇主對安珀提撥到 401(K) 退休帳戶的前 3％提供相應的 100％。為了充分利用相應提撥，她算出每個月需要提撥 150 美元。所以在 1,292 美元的黃金數字中，必須每個月都提撥 150 美元到四號桶。

　　現在安珀進入到第六步，為其餘的目標排出優先順序。

她將利率從最高排到最低，依序列出債務和儲蓄桶：

債務	餘額	利率
信用卡	$12,000	20.0%
四號桶	很多	6%
三號桶	$90,000	6%
學貸	$47,000	5.0%
車貸	$5,000	3.0%
二號桶	$11,574	1.0%

安珀知道，接下來的明智之舉，就是繼續把 150 美元放進四號桶，並把剩餘的黃金數字全部配置給利率很高的信用卡債。不過，她也想要填滿二號桶。於是，她決定每個月把 150 美元放進四號桶，125 美元放進二號桶，剩餘的 1,017 美元則用在信用卡。如此一來，她知道明年之前就可以還清信用卡債！安珀因為預算已就定位，還看見七步驟所達成的一切，而嚇了一大跳。

不過，安珀發現，每個月只在二號桶存下 125 美元，並不能讓墨西哥之旅成行，也不能在耶誕節回家一趟。因為

一年後，她的二號桶裡只會有 1,500 美元，所以她需要二擇
一。為了改善財務狀況、還清信用卡債，她願意把墨西哥之
旅延後一年。

一年後……

一年後，你認為安珀會做得怎樣？我們來看看。

安珀成功還清了 12,000 美元的信用卡債。當她必須掏
出急用儲蓄，為了汽車的緊急支出而用到 400 美元時，她
稍微沮喪了一段時間。但是到了下個月，她立刻就回頭填滿
了一號桶。儘管小遇挫敗，她依然繼續想辦法讓黃金數字成
長，並且在一年內就把信用卡債還清了。她現在每週當三個
晚上的家教，也更進一步縮減了開銷。她對這個里程碑感到
開心，並受到激勵持續走下去。

以下是安珀的資產負債表和淨值經過一年後的樣子：

類型	金額
資產：	
個人退休帳戶	~~$4100~~　$4,346

401(K)	$1,995	
現金和支票帳戶	~~$126~~	$175
一號桶	~~$500~~	$1,000
二號桶	$750	
汽車的轉售價值	~~$10,000~~	$9,000
總資產	~~$14,726~~	$17,266
負債：		
學貸	~~$47,000~~	$46,500
信用卡	~~$12,000~~	0
車貸	~~$5,000~~	$4,500
總負債	~~$64,000~~	$51,000
淨值	~~($49,274)~~	($33,734)

　　哇！安珀只用一年就讓淨值增加了 15,000 多美元！她利用個人退休帳戶去投資股市，使價值在去年上漲。安珀在二號桶存下了 1,500 美元，但花了 750 美元飛回家過耶誕節。她的汽車轉售價值減少了 1,000 美元。在負債方面，她還清信用卡債，學貸和車貸則是繼續付最低應繳款，所以這

些稍有減少。總之，她的財富在去年當中成長了 15,540 美元。安珀大有斬獲。

第七步，進行年度審視的時候到了。安珀的稅後月收入現在是 3,976 美元，目前的月支出是 2,403 美元，這意味著她的黃金數字是 1,573 美元，比以往都還要高。想像一下，每個月都有額外的 1,500 美元！這樣很快就能還清債務並開始存錢了。

現在安珀達成了第一個目標，想要重新考慮後續的策略。以下是她現在的利率清單：

債務	餘額	利率
信用卡	~~$12,000~~	~~20.0%~~
四號桶	無	6%
三號桶	$90,000	6%
學貸	$46,500	5.0%
車貸	$4,500	3.0%
二號桶	$10,814	1.0%

在利率方面，接下來輪到四號和三號桶。但安珀知道，四號桶是一直要投入的目標，而且二號桶需要在三號桶之前填滿。所以她現在不會把重點放在三號桶上，而是每個月繼續提撥 150 美元到 401(K) 退休帳戶。接著是學貸，她準備報復性地攻向那個錢坑，她也想要在今年對二號桶提撥得更多。在 1,573 美元的黃金數字中，她每個月把 150 美元放進四號桶，250 美元放進二號桶，剩下的 1,173 美元則是繳學貸。安珀認為假如下定決心，她在三年內就能還清學貸。

來到此時，安珀對她的策略有了信心。她會繼續讓黃金數字成長，為二號桶和四號桶而儲蓄，並把學貸繳清。她回想起自己當時只有賺 34,000 美元，債務滿到頭頂，還是個月光族。現在她每個月都有額外 1,500 美元的現金，而且在繳清債務上有了顯著的進展。她夢想著有朝一日把債務還清，桶子滿盈，而且每月都有 1,500 美元的餘錢在手！想像這一刻，會激勵安珀一直去積極改善她的財務處境。

對了，這可能也是你的未來寫照。

19. 現在就開始

　　長話短說：一個下午就能完成前三步，所以現在就開始。前方是有路障，但不要氣餒。寫下並公布目標，對家人和朋友設定期望，找個負責的夥伴，以便為成功備戰。不要找藉口，你做得到！

　　你現在心情如何？

A. 緊張

B. 不知所措

C. 興奮

D. 以上皆是

　　大部分的人都會說是 D，這很正常。你或許要花好幾年才能達成目標，然而，要花上數年去做些什麼，聽起來往往

就像是不可能的任務。但假如把重心放在一次完成一步,那
就不會了。我們來審視一下七步驟,以及每個步驟要花上多
久時間。

第一步	了解現況	1 小時
第二步	腦力激盪出理財目標	20 分鐘
第三步	讓黃金數字成長	45 分鐘的腦力激盪
第四步	填滿一號桶	1 到 3 個月
第五步	研判最低提撥多少到四號桶	10 分鐘
第六步	排出優先順序並達成目標	看情況
第七步	完成年度審視	每年 2 小時

你只要利用 80 分鐘就能把第一步和第二步擺平,再過
45 分鐘,就能腦力激盪出第三步。完成前三步簡單又快速!
用一個晚上或一個週末下午就能完成。

還記得在完成前三步,並領悟到新預算可以讓自己每個
月多存下多少錢後,安珀有多興奮嗎?你也會這麼覺得!在
幾小時內,你就能描繪出整套策略來達到完全的財務自由,

然後你必須貫徹到底。等事情開始有了進展，你就會受到激勵繼續走下去，並且更加積極，就像安珀一樣。跑步最難的部分，向來都是跨出第一步。

警告：前有路障。一路上，你一定會有氣餒的時候。也許在一號桶填滿後，你就要為了急用而掏出一號桶。笨蛋，這就是一號桶的作用啊！那不是氣餒的理由。要為了這個緊急應變系統而開心，要為了一號桶裡有錢可用而開心，你不須再因為急著需要 500 美元而逼不得已去刷卡。

或者你只是因為不小心，而非真的亂花錢，因此在一個類別上超支了預算。在這種情況下，你可能會對自己深感內疚與懊惱。你知道這時該怎麼辦嗎？讓自己喘口氣。成為理財達人需要時間，萬萬不該給自己「免費通行證」，而是要了解到過程中會需要調整。不要對自己太嚴苛，等下個月再重新出發與重新聚焦。

到了某個階段，你會從覺得氣餒變成感到匱乏。否定自己想要和習慣的東西，的確有挑戰性。捨棄最愛的星巴克而改成自己泡咖啡，你在幾個月後就會超級渴望一杯星巴克，

但還是要持續往前進。假如想讓某件事回到你的生活方式裡，就在別的地方降低預算來調整。你做得到，你很強，你強到足以延後立即的滿足，就為了更重要的事：你的財務自由。

你有時候會覺得自己落單。當你削減娛樂或喝酒的開銷時，你知道會發生什麼事嗎？你不能常常和朋友出去。這點無可奈何，必須犧牲，因為還有不少別的玩樂方式，是不用在酒吧花 100 美元開瓶酒的。在自家先開喝，更常自願當指定駕駛，並且限制自己出門的次數。不要每個週末都吃早午餐，而是跟朋友輪流做早餐，然後在戶外找點好玩的事來做。要擴大眼界！

 ## 成功的關鍵

為了保證成功，你應該要遵循下列的建議。首要之務是把目標寫下來，也把完成目標的好處寫下來。還清債務後，你就能做什麼事？二號桶會如何衝擊你的生活？什麼會激勵

你去做到這點？你為什麼嫌棄和厭倦自己的生活方式？當你想到自己的財務狀況時，你希望會是什麼樣子？

花時間思考這些問題，找出你的「為什麼」，因為你的處境是獨一無二的。我的「為什麼」，多半是源於擔心在財務上要靠某人來扶養。也許，你的「為什麼」是想要有財務實力，能幫助有需要的家人或朋友脫困。或者，你的「為什麼」是環遊世界這樣的頭號夢想，而這有賴於時間和財務自由。想想你的為什麼，把它寫在你的鏡子、筆記本、大門、冰箱上。每天都看一次，灌輸你的目標與決心。

分享你的目標。研究顯示，與他人分享你的目標會增添責任感，進而使你比較有可能成功達成目標。[16] 你不必昭告天下你有 30,000 美元的信用卡債，但你應該要表現得更具體。也許你的目標，是在明年內還清所有信用卡債。好極了，讓你的目標眾所周知。

與你的後援系統（家人和朋友）分享目標，會產生兩個好處：第一，他們會鼓勵你，並在每個里程碑上與你一同分享成功的喜悅。第二，你設定了期望，希望生活方式在往後

幾個月或幾年內會有某種改變。

　　減少花費可能會衝擊到你的社交生活。當我「揮霍」時，是因為跟朋友見面吃飯喝酒；當我「削減開銷」時，則是找到其他能跟朋友一起做的事，像是去公園散步。對生活中可能會改變的項目設定期望，使你的後援系統能根據期望調整。

　　以下這種給朋友和家人的簡短電子郵件，就有助於設定期望：「各位親友，我想要跟各位分享我今年的重要目標，我要在接下來的 12 個月內努力還清所有信用卡債，我很期待完成這個目標，因為（自行填空）。我知道這會很艱難，這就是為什麼我想要與各位分享我的目標，也想獲得各位的支持。如果要達成這個目標，我必須（寫出這可能會如何衝擊到你的生活和你們之間的互動）。在有所進展之際，我會不斷向你們更新，謝謝你們總是陪在我身邊！」假如寄這種電子郵件會讓你感到不自在，你隨時可以打通電話，或者發簡訊給個別家庭成員或朋友。我保證，收到這種簡單卻有力量的回饋訊息，會帶來興奮感與支持，你就能以此為養分來保持自我激勵與聚焦。

不斷強化目標。你周遭的人一定會邀你跟他們去花錢，因為他們會忘記你的目標。此時，友善的口頭提醒加上替代計畫，會有些幫助。當同事要找你外出吃午餐，而這不在你的預算內時，不要害怕說出：「哦，我正在減少外食次數，但假如你要外帶回來，我很樂意跟你去休息室一起吃！」在足夠的提醒之後，你目前的生活方式終究會烙印在他們的腦海裡，他們便會開始主動邀你去做其他有益彼此的事。

例如在某個週末，我決定要吃得健康，大學朋友剛好邀我去作客一天。她知道我在節食，便建議我們去買食材來做沙拉，並帶狗狗去附近公園做一些運動。我們那天玩得很開心，而且我還能把目標貫徹到底！

找個問責夥伴。公開分享目標會增加責任感，找特定的人則會更加增強這點。這個人必須和你足夠親近，他會給你誠實卻刺耳的建議；他應該要為了他自己的具體目標而努力，假如他的目標也跟金錢有關，那是最好的，但是否有關並非必要的。

心中有人選了嗎？去聯繫這個人，並提議每週互相回

報。每週回報的目的,是要分享本週達到了什麼目標,還要宣洩所受到的挑戰,以及該怎麼調整來解決問題。在展開旅程之際,得到他人的觀點是非常值得的。想想誰會是優秀的問責夥伴,現在就打電話給他。

有所進展時,不定期獎勵自己。用一些簡單而不貴的方式來犒賞自己:花市的鮮花、在二手書店發現的新小說、你愛的那些美味巧克力、一瓶你最愛的葡萄酒。不要天天都犒賞自己,要等到你覺得氣餒,想要感謝自己賣力工作時,或是劃掉了清單上的另一個理財目標時。

 ## 現在就開始!

不要浪費任何一秒。你的財務自由之旅就從今天開始,即使你只有 15 分鐘,現在就從第一步開始。在這幾分鐘裡,我保證你會因為採取行動而感到解脫。看著你的行事曆來做計畫,確認在接下來的幾天內,你要在何時完成第二和第三步。

別找藉口。現在最重要的，就是為自己的財務未來著想，並顧好自己，不要變成把「我要等到這個週末再說，這樣才能一次做完前三個步驟」掛在嘴上的人。現在就開始，因為要是不這麼做，到時候你或許就會為自己為什麼該繼續拖延，而去找另外十個藉口。

第一步很容易，去彙整資訊。把你的筆電拿來，窩在沙發上，並登入帳戶。就像我所說的，跑步最難的就是第一步：踏出家門。假如你能督促自己現在就起步，你的成功機率會是四倍。轉眼之間，一年就會過去，你則會達成好幾個財務里程碑。

如果你願意的話，可以把沿途的每一步寄到 moneyhoneyrachel@gmail.com 給我。對於我親愛的讀者，我當然想聽聽你做得怎麼樣。畢竟你都讀到這裡了，我早就已經把你當成密友，自當要分享你的挫敗與成就。我相信你，而你必須相信自己。現在就起步，改善你的財務狀況，變得超有錢！

20. 瑞秋妳好── 讀者來信專欄

瑞秋，妳好：

　　我現在 33 歲，我覺得就財務未來而言，我在儲蓄方面遠遠落後，還有一點信用卡債。想請問，我該一邊提撥金額至 401(K) 退休帳戶，一邊慢慢還清債務，還是先還清債務，再來為退休儲蓄？我已經把信用卡債全都整併在一起，接下來 2 年的利息是 0%。

搞懂優先順序的你，你好：

　　這不需要搞成非此即彼的情況，因為繳清債務和為退休而儲蓄都很重要。首先，雇主有沒有對你的 401(K) 相應提撥？假如有，我就會提撥夠多的金額至 401(K)，以便利用全額提撥，因為那是免費的錢。其餘的就拿去還信用卡債，

直到還清為止。假如雇主沒有給予任何的相應提撥，那我們就先看信用卡債。利息是 0% 的債務，會給你足夠時間來還清卡債，也不會使利息堆得更多。因為有整整兩年的利息是 0%，我會善加利用。為自己訂出計畫，確保兩年內就會還清卡債，把每個月的多餘金額都砸到 401(K) 裡。再說一次，不要就一個目標而捨棄另一個，納入其中一項策略，你就能同時打理好兩者。

* * *

瑞秋，妳好：

妳聽過最好的理財建議是什麼？

好奇的喬治，你好：

我好愛這個問題，便去蒐羅了朋友、家人和其他理財高手的回應。我們所提出的如下：

- 不要買負擔不起的東西。假如無法以現金來付，你就是負擔不起。
- 銀行帳戶裡的每一塊錢都要善用。

- 不要把信用卡當成禮品卡來用。當你拿到第一張信用卡時，或許會想說：「額度 4,000 美元！？我有錢了！」……你並不有錢。
- 設定領薪時自動轉帳存款，會使儲蓄容易得多。
- 盡量提高對 401(K) 退休帳戶的雇主相應提撥。
- 量入為出。
- 先支付你自己（pay yourself first）。意思是先存錢，剩下的錢才能花。

* * *

瑞秋，妳好：

我近來賺到了工作獎金（爽！），並試著要負起責任，拿它來還債。最好的方式是先還清一張特定的卡，還是分散到三張信用卡上？請幫幫我！

負責任小姐，妳好：

要讓獎金得到最大的效益，就把獎金全部拿去還利率較高的卡，另外兩張則繳最低額，這會降低每月利息的金額。

然後，繼續把所有的餘錢拿去還利率最高的卡，直到還清為止，接著轉往下一張利率最高的卡。假如利率全都相等，就先把餘額最少的還清。先還清一張卡，會讓妳覺得努力有了成果，並受到激勵，然後妳就能把目標放在其他部分。

＊　＊　＊

瑞秋，妳好：

　　信用卡債。我很茫然，看不到任何出路。現在我該認真面對這件事，可是我不知道要從何做起。我的薪水是 45,000 美元，有兼職，正在讀研究所。我已婚，有三個小孩。我之前試著要繳清信用卡債，但天有不測風雲。我有三張卡，總債務不到 6,000 美元，所以應該沒那麼難，對吧？我為什麼要承擔這些？我還能做什麼？我不知道要怎麼改變。

茫然又氣餒的你，你好：

　　我所看到的是，你過去的確是有進展，但總有意外來打斷你的進展。這就是為什麼先填滿一號桶是如此重要。記住，一號桶是急用儲蓄，至少該放 1,000 美元。所以信用卡

債要暫停一下，暫且就付最低應繳款。盡你的一切力量來增加收入或減少支出，以便填滿一號桶。把你為玩樂而做、卻非真正必要的事全部列成清單，並決定要削減哪個項目，以便把多餘的金額放進一號桶。你一邊致力處理這點，也要一邊斟酌去找銀行辦債務整併貸款（只有在他們給的利率較低時），銀行的利率一般會比信用卡的 25％ 要好得多。靠著整併，你就會只有一筆繳款要打理，而且利率比較低。只要一號桶的安全網一架起來，你就能持續繳新的、利率較低的貸款。而且要是「天有不測風雲」，你就會有急用儲蓄可以使用，而不是信用卡。急用會造成的是不便，而不是災難。你做得到的。

＊　＊　＊

瑞秋，妳好：

　　我一年後的薪水是 98,000 美元，也想要在那時候買房。憑這樣的薪水，我負擔得起多少錢的房子？我 26 歲，單身，沒有任何債務。

賺大錢先生，你好：

在技術上來說，憑這樣的薪水，你負擔得起的房子有很多，大概會比你真正需要的房子還要多，看你是住在哪。以 6％ 的利率、申請 30 年的抵押貸款和 35％ 的債務收入比，我們來談談 300,000 美元的房子。假如你是住在比較貴的城市，300,000 美元或許會讓你買到合理、適中的房子。假如你是住在生活成本相對較低的城市，請立刻把 300,000 美元這個數字給忘了，因為身為年輕、單身、在職的專業人士，完全沒有必要住豪宅。所以我們來重設問題：你想要每個月繳多少錢，而不是負擔得起多少錢？想想你現在的房租，你可以多繳多少錢，還能覺得自在？別忘了，你還要積極增加儲蓄和退休帳戶的數字。也許你現在是月繳 800 美元，而且增加到每月 1,200 美元也無所謂。運用線上抵押貸款計算器，你的月繳金額換算起來，就是 200,000 美元的房子。但別忘了替房子的維護、修理和整修列出預算，房子很常損壞，而且維修費昂貴。所以在現實生活中，月繳 1,200 美元，或許會讓你買到 150,000 美元的房子。房子的大小和條件要看地點，但請不要因為做得到就買一些豪宅。你沒那麼笨。

　　買房要注意的第二件事，是存下足夠的頭期款。除非你合乎聯邦住宅管理局或退伍軍人事務部貸款的資格，否則你很可能必須拿出標準 20% 的頭期款。150,000 美元的 20% 是 30,000 美元。這是頗大的數目，少了它就沒得買房。暫且把你的努力聚焦於此，這樣一年後就可以準備買房了。祝好運！

＊　＊　＊

瑞秋，妳好：

　　我深切需要儲蓄技巧，因為我從沒學過要怎麼適當地存錢，而且正感受到壓力。妳能傳授一些要訣和招數給不知道該怎麼做的人嗎？

儲蓄盲，你好：

　　要先支付自己（先存錢，剩下的錢才能花）。設定每次領薪時，就自動轉帳到儲蓄帳戶裡，如此一來就會強迫執行，而且你甚至不會想到它。如今也有許多花俏的手機應用程式，像是 Acorn 和 Qapital 等等，下載一個來用，也在

Mint 上追蹤你的花費。不要因為能夠買下手就買東西，把衣服、鞋子或雜貨裝滿購物車後，請問問自己是不是需要這些物品。找個問責夥伴，每次購物前就傳訊息給他，這會強迫你去重新評估這些物品。在房間裡擺一個存錢筒，並將它裝飾到可愛得不得了，然後在每天告一段落時，把剩餘的零錢全部丟進去。存下更多錢要靠大量的意志力與決心，但你做得到！

＊　＊　＊

瑞秋，妳好：

　　我最近在預算上很拚（喔耶！），每個月都不再那麼煩惱錢的事了，但現在我想要把克制了很久的東西全部買到手！表現良好時，妳都是以哪種小而不貴的方式來犒賞自己？

犧牲很多的你，你好：

　　星河巧克力棒（Milky Way Bar）。我說真的，那玩意兒就是好吃。

＊　＊　＊

瑞秋，妳好：

我每個月在支出後所剩下的金額不算少，但我不知道要怎麼應付學貸、儲蓄帳戶和退休帳戶。我有各種學貸，利率從 4 到 6％都有。我每月有 500 美元可配置去還清債務和儲蓄。我該怎麼做？

迷茫又困惑的你，你好：

先從一號桶開始，確保你至少有 1,000 美元的急用儲蓄。在著手任何事之前，先完成這件事。然後是四號桶，假如雇主對你的退休帳戶有給予相應提撥，就投入足夠金額來利用這點。如果沒有，你還是要投入金額，即使每個月只有 50 美元都好。對於黃金數字的剩餘部分，假如是 450 美元，你必須選擇要怎麼配置給二號桶和學貸。既然學貸的利率較高，那在邏輯上，你就該把 450 美元全部投入到學貸。不過，把一小部分放進二號桶也無妨，可以同時累積更多的儲蓄。在還清學貸後，就要聚焦於填滿二號桶，然後是三號桶。

＊　＊　＊

瑞秋，妳好：

我該從什麼時候開始為退休而儲蓄？

拖拖拉拉的你，你好：

現在。

*　　*　　*

瑞秋，妳好：

我知道妳說過，要先把重點放在利率最高的項目上。對現在的我來說，那是三號桶，因為我已經填滿了一號和二號桶。不過，我有幾筆學貸的利率是 3 到 4%，另一筆個人貸款的利率則是 2%。我討厭有這樣的債務，它使我心煩！我寧可先把它還清，再去填滿三號桶。這樣可以嗎？

對債務反感的你，你好：

可以。我們來聊聊對債務的反感，有些人就像我，對債務反感到會竭盡全力去避免。他們寧可存三年的錢，用現金去買車，也不辦利息 0.5%的貸款。另一方面，有些人則是

對欠某人 3,000 美元的事實不會有情緒負擔。思考一下你是如何看待債務的,你認為債務是邪惡的,應該要不計代價來避免嗎?或者你認為債務是生活中正常的一部分,沒什麼大不了?學貸或信用卡債會使你心煩嗎?煩惱到什麼程度,又為什麼煩惱?你是寧可存到足夠的錢,才以全額去買貴重物品(例如汽車、婚戒),還是寧可辦低利貸款?在情緒上,你覺得債務像是負擔或拖累你的東西,還是你並不會因此多想?每個人所受的教育不同,人生的學習經驗也不同,所以對債務的感受都不同。了解你與債務之間的關係,有助於你替目標排出優先順序。舉例來說,假如我有信用卡債,並知道那會對我造成什麼心理負擔,我就會把還清債務的優先順序排得比較前面。這聽起來和你的狀況很像,要是情況如此,你又寧可先還清,那就不值得煩惱要不要繼續背著這些債務。做就對了!三號桶可以等。

＊　＊　＊

瑞秋，妳好：

　　為什麼當大人好難，理財也好難？

掙扎的你，你好：

　　因為我們沒有樹立標準的理財教育體系，所以，基本上我們必須獨力搞懂這些鳥事。希望本書把這些事變得比較容易了！

附錄：資產狀況表

※ 附錄為瑞秋親自設計的資產狀況表中譯版，欲取得英文版完整 Excel 表格，請前往瑞秋的官方網站https://www.moneyhoneyrachel.com/free下載使用。

支出追蹤表（Expense Tracker）				
說明：(1) 先追蹤你所有的花費，以確認你的預算。一列填寫一筆支出。 　　　(2) 從 Excel 下拉選單中選擇適合的類別。				
日期	帳戶	說明	金額	類別
（範例） 2021/1/13	PNC 支票	租金	1,500 美元	貸款／租金

每月預算（Monthly Budget）

說明：在表格 E6 填寫每月稅後總收入，然後在「預算金額」每一列填入數字。隨著你記錄一整個月的預算，（前頁的）Excel 支出追蹤表將自動更新支出總額。

每月稅後總收入：＿＿＿＿＿＿＿＿＿

總計預算支出：＿＿＿＿＿＿＿＿＿

你的黃金數字：＿＿＿＿＿＿＿＿＿

瑞秋說：噢！負的黃金數字表示你每個月都在虧錢，要透過增加收入或減少支出，使你的黃金數字成為正數。

	總預算	總花費	剩餘金額
	（範例）1,550	1,500	50
支出	預算金額	總花費	剩餘金額
貸款／租金	（範例）1,550	1,500	50
保險			
水電費			
電視／網路費			
自動扣款			
學費／學貸			
電話費			
醫療費			
小孩照護			
雜貨			
外食			
運動／健身房			
禮物			
慈善捐款			
娛樂			
房屋維護			
訂閱費			
旅行			
雜支			
每年支出			
債務			

儲蓄桶（Savings Buckets）

說明：儲蓄桶的概念，即本書第 2 篇〈儲蓄〉所介紹的「四個儲蓄桶」。

一號桶	二號桶		三號桶		四號桶
1,000 美金	4,000 美金		15,000		待討論
	一年之內的儲蓄目標	儲蓄目標金額	一年之後的儲蓄目標	儲蓄目標金額	
	（範例）義大利之旅	4,000 美金	婚禮	15,000 美金	

4.5 個月的
生活開銷：＿＿＿＿＿＿

淨值追蹤表（Net Worth Tracker）

說明：(1) 在表格 C11 填寫月份與日期（這件事只要做一次）
　　　(2) 在表格 B 欄填寫你現有資產或負債的類型
　　　(3) 填寫當月的資產與負債

資產						
資產	1/1	2/1	3/1	4/1	5/1	6/1
（範例）現金						
支票存款帳戶						
儲蓄帳戶						
退休帳戶						
投資帳戶						
房地產						
出租物業						
汽車						
事業價值						
他人欠款						
其他						
總資產						

負債						
負債	1/1	2/1	3/1	4/1	5/1	6/1
（範例）貸款						
房屋淨值貸款						
車貸						
信用卡債						
學貸						
個人貸款						
欠他人的錢						
其他						
總負債						

	1/1	2/1	3/1	4/1	5/1	6/1
我的淨值						
比前月增加／減少						

淨值追蹤表（Net Worth Tracker）

說明：(1) 在表格 C11 填寫月份與日期（這件事只要做一次）
　　　(2) 在表格 B 欄填寫你現有資產或負債的類型
　　　(3) 填寫當月的資產與負債

資產						
資產	7/1	8/1	9/1	10/1	11/1	12/1
（範例）現金						
支票存款帳戶						
儲蓄帳戶						
退休帳戶						
投資帳戶						
房地產						
出租物業						
汽車						
事業價值						
他人欠款						
其他						
總資產						

負債						
負債	7/1	8/1	9/1	10/1	11/1	12/1
（範例）貸款						
房屋淨值貸款						
車貸						
信用卡債						
學貸						
個人貸款						
欠他人的錢						
其他						
總負債						

	7/1	8/1	9/1	10/1	11/1	12/1
我的淨值						
比前月增加／減少						

參考資料

1. Dennis J. One in Three Americans Prepare a Detailed Household Budget. Gallup website. http://www.gallup.com/poll/162872/one-three-americans-prepare-detailed-household-budget.aspx. June 13, 2013. Accessed August 29, 2017.

2. Quentin F. Half of American families are living paycheck to paycheck. Marketwatch website. http://www.marketwatch.com/story/half-of-americans-are-desperately-living-paycheck-to-paycheck-2017-04-04. April 30, 2017. Accessed August 29, 2017.

3. Chris M. Average Savings Account Balance in the U.S.: A Statistical Breakdown. ValuePenguin website. https://www.valuepenguin.com/banking/average-savings-account-balance. June 2, 2017. Accessed August 29, 2017.

4. Elyssa K. 1 in 3 Americans has $0 saved for retirement. CUInsight website. https://www.cuinsight.com/1-in-3-americans-has-0-saved-for-retirement.html. March 15, 2016. Accessed January 21, 2021.

5. Consumer Credit – G.19. Federal Reserve website. https://www.federalreserve.gov/releases/g19/current/default.htm. August 7, 2017. Accessed August 29, 2017.

6. Education Center: Personal Finance Statistics. Debt website. https://www.debt.com/edu/personal-finance-statistics/. Accessed August 29, 2017.

7. Average Credit Score in America: 2017 Facts & Figures. ValuePenguin website. https://www.valuepenguin.com/average-credit-score. Accessed August 29, 2017.

8. Young Money Survey. TD Ameritrade website. https://www.amtd.com/news-and-stories/press-releases/press-release-details/2017/Young-Money-Survey/default.aspx. May 11, 2017. Accessed January 21, 2021.

9. Jamie H. Understanding The Tax Benefits of 529 Plans. Forbes website. https://www.forbes.com/sites/jamiehopkins/2016/09/15/understanding-the-tax-benefits-of-529-plans/#7d4f3e6d19aa. September 15, 2016. Accessed August 29, 2017.

10. Great News: There's Another Recession Coming. Mr. Money Mustache website. http://www.mrmoneymustache.com/2017/06/20/next-recession/comment-page-2/. June 20, 2017. Accessed September 4, 2017.

11. Jonnelle M. Do any mutual funds ever beat the market? Hardly. The Washington Post website. https://www.washingtonpost.com/news/get-there/wp/2015/03/17/do-any-mutual-funds-ever-beat-the-market-hardly/?utm_term=.656dd04822ff. March 17, 2015. Accessed August 29, 2017.

12. Chip C. Should You Invest for the Long-Term or Cash

Out Quick? Oil & Gas 360 website. https://www.
oilandgas360.com/should-you-invest-for-the-long-
term-or-cash-out-quick/. April 6, 2017. Accessed
January 21, 2021.

13. Ellen C. You'll Need $2 Million Before You Can Think of
Retirement. The Street Website. https://www.thestreet.
com/story/13465544/1/you-ll-need-2-million-before-
you-can-think-of-retirement.html. February 20, 2016.
Accessed August 29, 2017.

14. Jason R. Look at how many pages are in the federal
tax code. Washington Examiner website. http://www.
washingtonexaminer.com/look-at-how-many-pages-
are-in-the-federal-tax-code/article/2563032. April 15,
2016. Accessed August 29, 2017.

15. Matt W. Today is Tax Day. Facebook. https://www.
facebook.com/MattWalshBlog/posts/1524285237604581
. April 18, 2017. Accessed September 4, 2017.

16. David D. 10 Things You Should Know About Goals. Forbes website. https://www.forbes.com/sites/daviddisalvo/2013/09/29/10-things-you-should-know-about-goals/#66f747b7542c. September 29, 2013. Accessed August 29, 2017

致謝

我首先要對啟發我寫這本書的人表達謝意。假如不是錢德勒・博特（Chandler Bolt）的書《出版》（*Published*），我絕不會動筆。《出版》導引出了我從來不知道就在自己腦海裡的整本書，並使自費出版的過程毫不令人卻步。假如你在考慮寫書，我會大力推薦它。

謝謝我的未婚夫 Andrew 堅持要我走下去，連我深信自己的書很鳥時也是。是你拉了我一把，使我相信自己的作品值得追尋。我對你無比感激。

致各位大便臉：Claire、Lauren、老媽、老爸。謝謝你們在我並不興奮時，對我的書感到興奮，而且你們的高見、編輯與修訂為我的書大大加分。你們棒透了。

最後，我還要謝謝瑞秋・李察斯（嘿，就是我本人啦！）的美麗插圖。

免責聲明與重要資訊

本書及其內容僅供個人使用，並受適用之著作權、專利及商標法保護。

本書所提供之資訊僅供普遍之資訊性目的，無意並絕不應推斷為在個人投資、稅務或法律上提供建言或推薦。本書也不應推斷為示意賣出或誘使示意買進，或是推薦買進、持有或賣出任何證券。

作者並非註冊投資顧問、註冊證券經紀－經銷商或認證財務規劃師，或另行獲准給予投資建言。此處所包括之意見、分析與資訊，全數奠基於據信可靠之來源，著作乃秉於真誠所寫，但不為任何一種明示或暗示之代表或擔保，包括但不限於對準確性、完整性、正確性、及時性或適切性之任何代表或擔保。

自身之投資決定自行負責，另在形成投資決定時，所使用或依賴之任何資訊由各投資人全權負責分析及評估。在形成任何投資決定前，應對所提議之投資詳盡調查，考量個人

處境，並諮詢合格投資顧問。本書所提供之資訊與意見不應受依賴或用以替代專業顧問之諮詢。

運用或依賴本書之內容須全盤自擔風險。在意見、分析或資訊之準確性、完整性或正確性上，本書不為任何一種明示或暗示之代表或擔保。投資市場具固有之風險，無可保障獲利，投資人投入股市之金錢容或隨時虧損。不同類之投資所涉及之風險度各異，無可保證任何特定之投資或策略對特定之投資組合為恰當或有利可圖。

過去績效不保證未來報酬。故讀者不應認定，本書中所討論任何投資取向之績效，未來將有利可圖或達到任何績效目標。對於投資人依賴或運用本書所引發或牽連之任何聲明、損害、虧損或費用，作者不負擔及接受各項性質之責任。

對任何第三方或第三方產品或服務之任何指涉，一概不得推斷為作者贊同或背書。作者尤其不背書或推薦任何特有經紀商、經銷商、共同基金公司或資訊業者之服務。

對於書中所討論之證券，作者現在或未來握有部分或進行交易。

BIG 355

讓可愛的錢自動滾進來：27 歲財務自由的理財 7 步驟

作　　者－瑞秋・李察斯（Rachel Richards）
譯　　者－戴至中
主　　編－陳家仁
編　　輯－黃凱怡
協力編輯－周翰廷
企　　劃－藍秋惠
封面設計－木木 Lin
內頁設計－李宜芝

總 編 輯－胡金倫
董 事 長－趙政岷
出 版 者－時報文化出版企業股份有限公司
　　　　　108019 台北市和平西路三段 240 號 4 樓
　　　　　發行專線－ (02)2306-6842
　　　　　讀者服務專線－ 0800-231-705・(02)2304-7103
　　　　　讀者服務傳真－ (02)2304-6858
　　　　　郵撥－ 19344724 時報文化出版公司
　　　　　信箱－ 10899 臺北華江橋郵局第 99 信箱
時報悅讀網－ http://www.readingtimes.com.tw
法律顧問－理律法律事務所 陳長文律師、李念祖律師
印　　刷－紘億印刷有限公司
初版一刷－ 2021 年 3 月 12 日
初版十一刷－ 2023 年 3 月 1 日
定　　價－新台幣 380 元
（缺頁或破損的書，請寄回更換）

時報文化出版公司成立於一九七五年，
並於一九九九年股票上櫃公開發行，於二〇〇八年脫離中時集團非屬旺中，
以「尊重智慧與創意的文化事業」為信念。

讓可愛的錢自動滾進來 : 27 歲財務自由的理財 7 步驟 / 瑞秋 . 李察斯 (Rachel Richards) 作 ;
戴至中譯 . -- 初版 . -- 臺北市 : 時報文化出版企業股份有限公司 , 2021.03
272 面 ; 　 14.8x21 公分 . -- (Big ; 355)

譯自 : Money Honey : a Simple 7-Step Guide For Getting Your Financial $hit Together

ISBN 978-957-13-8571-6(平裝)

1. 個人理財

563　　　　　　　　　　　　　　　　　　　　　　　　　110000193

ISBN 978-957-13-8571-6
Printed in Taiwan